魔法汉字

MOFA HANZI

项松根　项心洁　著

东北师范大学出版社
长春

图书在版编目（CIP）数据

魔法汉字 / 项松根，项心洁著. -- 长春：东北师范大学出版社，2022.9
ISBN 978-7-5681-9392-4

Ⅰ. ①魔… Ⅱ. ①项… ②项… Ⅲ. ①汉字-通俗读物 Ⅳ. ①H12-49

中国版本图书馆 CIP 数据核字(2022)第 166456 号

□责任编辑：逯 伟　　□封面设计：品诚文化
□责任校对：胥 杰　　□责任印制：许 冰

东北师范大学出版社出版发行
长春净月经济开发区金宝街 118 号（邮政编码：130117）
电话：0431—85690289
网址：http://www.nenup.com
东北师范大学出版社激光照排中心制版
四川科德彩色数码科技有限公司印装
成都市郫都区成都现代工业港北片区港北二路 551 号（邮政编码：611743）
2022 年 9 月第 1 版　2023 年 9 月第 1 版第 1 次印刷
幅面尺寸：170mm×240mm　印张：17　字数：261 千
定价：78.00 元

前　言

　　一次，笔者有幸听了一堂名师送教的小学语文课。这位名师整体素质好，语文素养高，所授语文课知识点落实到位、生动有趣。但笔者发现她在教学过程中犯了一个小小的知识错误。讲到"寻"这个字的时候，这位名师说："'寻'字，上面是横着的'山'，山很高大，我们在寻找时就要放宽视野。"如果按照她的观点，把"彐"当成横着的"山"，那么我们就很难理解由偏旁"彐"组成的"秉""录""虐"等字的意思。其实，这个横着的"山"读作 jì，是"手"的变形。如"秉"是由"禾"和"彐"会义而成，"彐"是手，手抓着一把禾，就是持着的意思。"秉持"一词就是此义。"录"，由"彐、水"会义而成，本义是汲水、打水。"虐"，由"虍"和反向的"彐"会义而成，本义是虎反爪，虎豹残杀猎物。只要掌握常用偏旁的意义，我们就能轻易理解由这些偏旁构成的大量常用字的字义，很多一直困扰着我们的字义、字形问题就能迎刃而解。再看"寻"，由"彐、寸"会义而成，"彐"是手，"寸"指中医把脉的寸口处，寸口处离手腕一寸左右，距离很短，引申为时间短暂，释作"不久"。如陶渊明《桃花源记》中的"寻"："南阳刘子骥，高尚士也，闻之，欣然规往。未果，寻病终，后遂无问津者。"在古代，"寻"又被用作长度单位，一寻等于八尺，一常等于二寻。"寻""常"都是古时常用的长度单位，后合译指平常、素常。

　　除了"彐"意指"手"外，"又""ナ""攵""支"等都表示"手"，而"匕""夂""大""亠""宀""卜"等有"人"的意思，"止""夊""舛""癶""足""疋""正""走""辵""辶""彳"等则指"腿脚"。"手"和"人"各有十多种变形，"足"有九种变形。另外，"小、示"是火，"肉、舟"是月，"臣"是眼睛，"蜀"是蚕，"离"是猛兽，"万"是虫蝎，"不"是冲天飞起的鸟，"丽"是旅行；吉言为"喜"，羊言为"善"；"彳"，为什么不能叫"双人旁"？"攵"，为什么不能叫"反文旁"？"独"为什么从"犬"？"群"为什么从"羊"？"灬"是什么？为什么要这样变形？以上种种，本书都有详细的解读，从而探讨立身、斜身、反身、横卧、倒立等汉字变形类别，并延展至象形、指事、会意、形声的造字方法。笔者并未在语文教材中发现有关"彐""又""ナ""亻""小"等常用偏旁的教学内容。如果教师对常用汉字理解不透彻，那么学生自然更难弄懂其中关窍，于是"大糊涂教小糊涂"的情况愈发严重。而且，学生理解不了汉字的结构，不知其所以然，学习起来就费劲，就觉得无趣；反之，知其所以然，学习起来就觉得生动有趣，方能易学易记，从中感受到汉字的魅力，对古人的智慧由衷地敬佩，对祖国文化产生深深的自豪感，拥有高度的自信心。为此，笔者建议，应该在中小学语文教材中增加常用偏旁部首的教学内容，进一步提高师生对常用汉字的理解感悟能力，从而避免教师在课堂上把"彐"讲成"横山"的知识性错误。

汉字一般有本义、引申义、比喻义。随着时代的发展，字义会出现缩小、扩大和改变的情况。但不管字义怎么变化，万变不离其宗，它都是由本义延伸、生发而来的。我们只要抓住字的本义，就抓住了根本，抓住了关键，就能花较少的时间学到更多的知识。汉字在隶变楷化特别是简化之后，表义功能弱化了很多。所以，我们一般从篆书中去探求汉字的本义。

汉字中的一点、一横、一只"手"、一个"中"等都如同有魔法一般，千百汉字便是经它们组合、变化而来的，所以，笔者以"魔法汉字"作为本书书名。

本书汇集了对部分常用字之字形、本义的精彩解析，内容丰富，生动有趣，并涵盖由常用偏旁构成的常用字的分类解析，可作为小工具书来使用。

本书中有少数重复的例字，这是因为从不同角度分析所得例证不同；笔者也适时加入了一些个人观点，如对简化字"关""兰""父"等的字形解释，算是一家之言吧，特此说明。

由于笔者水平有限，本书难免存在一定的谬误，敬请广大读者批评指正。

饶松根 项心洁
2022 年 7 月

目 录 CONTENTS

☐ 百变身姿
——身姿与汉字 ········· 001
立身变形的汉字 ········· 002
斜身变形的汉字 ········· 004
正面的汉字 ········· 006
侧面的汉字 ········· 007
反身变形的汉字 ········· 009
横卧变形的汉字 ········· 011
倒立变形的汉字 ········· 012
移位变形的汉字 ········· 014
张大变形的汉字 ········· 016
缩小变形的汉字 ········· 017
重叠变形的汉字 ········· 020
组合变形的汉字 ········· 021

☐ 千变之手
——汉字中的手 ········· 024
"手" ········· 024
"扌" ········· 025
"𠂇" ········· 026
"爫" ········· 027
"臼" ········· 028
"又" ········· 029
"乂" ········· 031

"又" 032
"ナ" 032
"寸" 033
"攴" 034
"攵" 034
"彐" 036
"丰" 037
"廾" 038

☐ 万化之人

——汉字中的人 041
普通之人——"人" 041
正面之人——"大" 043
侧面之人——"匕" 044
左立之人——"亻" 045
中立之人——"亻" 048
右立之人——"卜" 048
底部之人——"儿" 049
头上之人——"亠" 051
高危之人——"ク" 052
弓身之人——"亚" 053
俯卧之人——"冖" 053
半竹之人——"夃" 054
叠身之人 055
倒立之人 055

☐ 足行千里

——汉字中的足 056
"止"旁 056
"夂"旁 057
"癶"旁 059
"走"旁 060
"足"旁 061

"辶"旁 …………………………………………… 062
"疋"旁 …………………………………………… 064
"正"旁 …………………………………………… 065
"彳"旁 …………………………………………… 066

- 几个偏旁或部首名称之商榷 ………………………… 070

- 项氏偏旁正名表 …………………………………… 078

- **点化万物**
  ——汉字中的点 ……………………………… 079
  一 点 ……………………………………… 079
  两 点 ……………………………………… 088
  三 点 ……………………………………… 099
  四 点 ……………………………………… 101

- **横行天下**
  ——汉字中的横 ……………………………… 104
  一 横 ……………………………………… 104
  两 横 ……………………………………… 112
  三 横 ……………………………………… 114

- **魔幻的构造** ……………………………………… 117
  直观的象形字 ……………………………… 119
  可意会的指事字 …………………………… 124
  有趣的会意字 ……………………………… 127
  望文生义的形声字 ………………………… 135
  常见的转注字 ……………………………… 138
  假借用字法 ………………………………… 139

- **汉字的因形释义** ………………………………… 141
  象形字的因形释义 ………………………… 141
  指事字的因形释义 ………………………… 142
  会意字的因形释义 ………………………… 143

形声字的因形释义 ·· 144

□ "中"满神州
　　——汉字中的"中" ······································ 146
　　一个"中" ·· 147
　　两个"中" ·· 149
　　三个"中"和四个"中" ·································· 151

□ 表示房屋的偏旁 ·· 152
　　厂 ·· 152
　　广 ·· 152
　　户 ·· 153
　　人 ·· 154
　　宀 ·· 154

□ "聪"字巧析 ··· 157
　　耳 ·· 157
　　目 ·· 161
　　言 ·· 163

□ "赢"字巧析 ··· 166
　　口 ·· 166
　　月 ·· 171
　　贝 ·· 175

□ 八刀切瓜 ··· 178
　　八 ·· 178
　　刀 ·· 181

□ 蚕鸿绝对 ··· 183
　　"鸟"和"隹" ··· 183
　　鱼 ·· 185
　　虫 ·· 186

- 狼狗之辩 ······ 188
  - 豕 ······ 188
  - 犬 ······ 190
  - 牛 ······ 191
  - 羊 ······ 193
  - 马 ······ 195

- 霓裳羽衣 ······ 199
  - 羽 ······ 199
  - 衣 ······ 201

- 三心四火五月 ······ 204
  - 三 心 ······ 204
  - 四 火 ······ 207
  - 五 月 ······ 210

- 水木清华 ······ 215
  - 水 ······ 215
  - 木 ······ 219

- 夏布丝巾 ······ 225
  - 丝 ······ 225
  - 巾 ······ 228

- 小女才高 ······ 231
  - 小 ······ 232
  - 女 ······ 233

- 雨淋头妙喻 ······ 235
  - 雨 ······ 235
  - 页 ······ 237

- 玉石俱佳 ······ 239
  - 王 ······ 240

玉 ··· 240
　　石 ··· 243
□ **竹禾山妙对** ·· 245
　　竹 ··· 245
　　禾 ··· 247
　　山 ··· 249
□ **谈谈简化字** ·· 251
□ **汉语注音法** ·· 255
□ **主要参考书目** ·· 258

百变身姿

——身姿与汉字

汉字的产生与人类早期的活动息息相关,人们采摘树上的果子就要站立起来尽量伸展身体和四肢,从事农业生产就会弯腰前倾,狩猎时就会尽量蜷缩起身子进行隐蔽掩藏,射箭时就会以侧身的姿势面对箭射的方向等。汉字源自最原始的造字方法——象形,人类生产生活中的各种身姿潜移默化地影响着汉字的字形。汉字字形有立身、斜身、反身、横卧、倒立等多种变化类型。汉字为什么要变形呢?笔者认为,主要是因为在构成部分合体字时要做到整体字形紧凑美观,使其看起来更好看,写起来更好写,认起来更好认。如"人"字在合体字中就有以下几种变形(详见本书41页"万化之人"部分):

1. "坐""全""从""众""巫""央"字中是普通写法下的"人";
2. "比""北"字中是侧面象形的"人";
3. "天"字中是撑开双腿、平举双手的正面象形的"人";
4. "人",立起来就是"亻",即"立人旁",如"仚"字中的"人"立起来就成"仙","戍"字中的"人"立起来则成"伐","臥"字中的"人"立起来为"卧";
5. "人",反身就是"匕";
6. "人",卧下就是"亠",如"临"(临)。又如"㫃"(yǎn,有饰物的旗杆),当"㫃"成为偏旁时,"人"一般写作"亠",代表字有"旗""旖""旎""旌""施""斾""旄""族""旅""旋"等;个别不变形,如"於"。"每""朱""生""制"等字的上部并非"人"字的变形,而是"屮"(chè)。

立身变形的汉字

我们知道，汉字是方块字，单个字是方块，合体字也是方块，以显得漂亮美观。如："刀"字从整体上看呈方形，和"舌""禾""录""肖""害"等单独也呈方形的字组合成旁的字，如果不加变形，就会显得太长或太宽，影响美观。把"刀"作为偏旁立起身来，变瘦变长为"刂"，相应的合体字就是"刮""利""剥""削""割"。这样的字形显得美观大方。所以，为了字形结合得更紧凑、整体性更强，某些偏旁在合体字当中就要"立起身"，相应的偏旁如下：

刂——立刀旁　　　　亻——立人旁　　　　忄——立心旁
犭——立犬旁　　　　衤——立衣旁　　　　礻——立示旁

关于"刂——立刀旁"，形似立起来的刀，所以大家对叫法没任何异议。

关于"亻——立人旁"，笔者主要将其和"彳"（chì）进行区分。我们一直以来都称"彳"为"双人旁"，但"彳"并不意指两个人，而是与行走有关。"彳"是象形字，形如人的大腿（股）、小腿（胫）、脚（足）三部分相连。"彳"的本义是小步走。以"彳"为偏旁的字都与行走有关，如"得""街""德""衔""待""徘""徊"等。但就因为"双人旁"之名，人们容易对以此为偏旁的常用字的字义产生误解，以为"彳"指的是两个人，"亻"（单人旁）指的是一个人。为了避免大家误解，本书称"彳"为"行走旁"，称"亻"为"立人旁"。

关于"忄——立心旁"，"心"与其他偏旁构成合体字，"心"在合体字的左部时，就要把中间的卧钩立起来写作"丨"，右边的两点省略成一点，如"惊""怜""悯""情""忆"等字；"心"在合体字的下部做底，则保持字形不变，如"态""思""想""感""念"等字；"心"在合体字的下部做底，遇合体字的上半部分是"八"字结构，就要变形为"小"，因为"八"字结构以下空间狭长，而"心"的字形偏扁，所以要把"心"字的卧钩竖起来变成竖钩——"亅"，这样才方便安放在"八"字结构下面，如"恭""慕""忝"等字（"态"字中，因为"太"有一点，占据了狭窄的顶部，所以"心"不用变形）。"心"作为偏旁，其名称按变形方式相应为："心——心字底"，"忄——立心旁"，"㣺——竖心底"。

关于"犭——立犬旁"，我们一般称其为"反犬旁"。实际上，"反犬旁"是"犬"字的异体写法，意思和读音与"犬"字相同。偏旁当中出现"犭"，应是根据合体字结构紧凑、字形美观的需要，把"犬"字立起来写作"犭"。严格来说，这属于立身变形。从"犭"的字大部分和动物有关，如"猴""猫""狮""狼"等。简体字中也把部分"豸"（"豸"指代肉食走兽，如"豹""豺""貂"等。"貌"的本义是野兽的外表）、"豕"等简化成"犭"，如"豬"简化成"猪"，"貓"简化成"猫"。

关于"衤——立衣旁"，合体字中有"衣"的，"衣"在左部瘦瘦地立起身的就叫"立衣旁"，如"补""裤""衩""衬""衫""袄""襟""袖""裙""被""褥""袱"等；"衣"在底部时，就叫"衣字底"，如"袈""袋""裘""裳""衾""裂""装""袋""裁"等；"衣"字被移位拆开，中间夹进去其他造字成分，构成新的字，如"衷""衰""哀""襄""裹""裹""裹""褒"等，这种现象叫"开衣架"（把"衣"字上下分开，构成字架），或者把上部的"亠"称作"高字头"（详见本书70页"几个偏旁或部首名称之商榷"部分）；"衣"在上部时，就叫"衣字头"，如"裔"等。

关于"礻——立示旁"，合体字中有"示"的，"示"在左边瘦瘦地立起身的就叫"立示旁"，如"祈""祷""祝""福""神""祠""社""祁""祛""祖""视""祚""祥"等；"示"在底部时，就叫"示字底"，如"余""奈""祭""禁""祟""禀"等。

在象形字中，"目"作为造字成分，一般都是横着的，如"梦""蔑""蜀""曼"（"罒"也可能为"网字头"，非"目"，如"罪""罚""罩""罟"等）。由于"目"经常被用做偏旁，因此人们索性就把"目"字立起来了，如"目"在左的有"睁""眼""瞎""眯""眨""睛""盼""睡""眠""瞧""睚""眦""瞅""睹""眸"等；"目"在右的有"相"等；"目"在上的有"矍""瞿"等；"目"在下的有"看""着""眉""省""盾""盲""瞥""冒""睿""督""瞽""眷"等。

印[1]，会意字，字形采用"爪、卩"会义，本义是执政者所持的信物，即公章。在简体字"印"中，"爪"立起来居于左侧；而在篆书中，"爪"则居于"印"字的上部，覆手为爪。

印

卧，异体字"臥"。臥，会意字，字形采用"人、臣"会义。"人臣"就是朝中大臣，朝中大臣在参见帝王时要弯腰或伏地叩拜。"臥"就是以大臣的叩拜造型为造字依据，像屈服之形，本义是躺下来休息。简体字"卧"，则是把正常的"人"字立起身来，变形为"卜"。

信，旧时写作"訫"。"信"，会意字，字形由"人、言"会义而成，"人言则无不信者"，人无信则不立，所以要做到一诺千金。"信"，本义是诚实无欺。"訫"也是会意字，字形采用"人、言"会义，只是左右结构互换，并把"人"立身变形为"卜"。

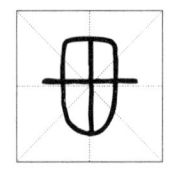

臥　　信　　毌

串，象形字，由"毌"（guàn）立身变形而来。"毌"，象形字，像用"一"横贯货物。"毌"同"贯"，表示穿、通，用丝绳把东西穿起来，便于存放拿取。"册""串"皆是由"毌"变化而来的。"册""毌"，以"一"为轴竖立起来便形如"串"。

斜身变形的汉字

出于整体字形紧凑美观的需要，部分合体字的偏旁会出现斜身变形的情况。如"史"，执中为史，由"中、又"会义而成，"中"字中间的一竖斜身变形。常见的斜身变形的偏旁有"斜手头""斜羊头""斜月头""斜玉旁""提手旁""提土旁""提七旁"等，由这些偏旁组合成的汉字就非常多了。

龵，斜手头（旁），如"看""拜""掰""辩"等；

---

[1]为方便行文与阅读，笔者在分析汉字的古文字形时一般将该字写作简体，另附其古文字形图。

⺶，斜羊头，如"着""差""羞""养""羌"等；

⺶，斜羊旁，如"羚""翔""羝""羟""羓""羯""羖"等；

⺼，斜月头，如"炙""然"等；

王，斜玉旁，如"玫""瑰""珍""珠""玛""瑙""玻""璃""瑛""球""珏""玥""瑜"等；

扌，提手旁，如"挑""扛""提""拖""拉""扯""拽""抗""挡"等；

土，提土旁，如"场""地""坛""填""坟""坑""坏""均""坤""堵""坯""垛"等；

七，提七旁，如"切"等。

炙，会意字，字形采用"月、火"会义。"月"乃"肉"的变形，"肉"置于火上便是烤肉，古人称炮肉。"炙"字上半部分的"月"便是由斜身变形而成的。

另有一些出现斜身变形的字，如：

定，上部是"宀"，下部为"正"，字形采用"宀、正"会义，本义是安稳。"正"左部的一竖、底部的一横分别变形为斜身的一撇、一捺。

是，会意字，字形采用"日、正"会义。天下之物莫正于日也。十目烛隐则曰直（"直"，字形采用"十、目"会义），以日为正则曰是（"是"，字形采用"日、正"会义）。《左传》曰："正直为正，正曲为直。""是"，本义为直。"正"左部的一竖、底部的一横分别变形为斜身的一撇、一捺。

定　　　是　　　是（小篆）

走，字形采用"夭、止"会义。"夭"，弯曲；"止"，足，表示人在小跑时必须收腹、弯腰、屈背。"走"的本义是小跑。"足"，字形采用"止、口"会义，"止"在"口"下，"口"代指人，其下即人的下肢。在"走"和"足"字中，"止"左部的一竖、底部的一横分别变形为斜身的一撇、一捺。

走 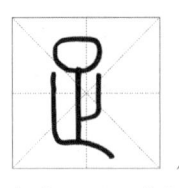　　　　足 　　　　曳　　　　奴

曳，以"申"做边旁，以"丿"做声旁。"申"以"臼"做字根。"臼"，双叉手，表示一切自持。贯穿"申"字的"丨"表示伸展，在构成"曳"字时斜身变形为一撇。"曳"的本义是双手抓着拖曳。

奴（cán），会意字，字形采用"又、肖（歹）"会义。"又"，即手，表示用手来戳穿、毁坏。"奴"就是戳穿、毁坏的意思。以"奴"为声旁的字有"餐""粲""璨""燦"等。"肖"，斜身变形为"歹"。

正面的汉字

汉字的构造一般都是以正面形象来展示的。简体字"人"就是一个夹紧两臂、岔开双腿、正向站立的人的形象。

屮，中间的"丨"就像破土而出的草木嫩芽，其两边则像嫩芽的分支。

大，形如张开两臂、撑开双腿、头顶蓝天、正向站立、头手脚俱全的人。为什么"大"字要造成一个人的形状呢？因为天大、地大，人也大。

屮　　　　　　大

天，即在表示正向站立之人的"大"字上方加一横，表至高无上的意思。

立，形如一个正向站在地上的人。

天 　　　　　　立

汉字"牛""羊"采用动物外形正面摹状造字，"马"则采用侧面摹状造字。

牛，象形字，像牛正面的头、角、尾。

羊，象形字，像羊的头、角、足、尾。

牛 　　　　羊 　　　　夏

夏，会意字，字形采用"頁、臼、夂"会义。"頁"（页），人首（头）；"臼"，双手；"夂"（suī），双足。"夏"字是一个由头、手、脚正向组成的字，头、手、脚俱全，代指正派正统的人。"夏"的本义是中原之国的人，区别于北方狄、东北貉、南方蛮闽、西方羌、西南焦侥、东方夷也。"夏"的引申义是"大"。"大"字也是一个人的形状。中华民族也称华夏民族，"华夏"就是高大漂亮、正统正派的意思。"夏"也可引申为万物生长壮大。例如："立夏"之"立"释作"建始"，"立夏"即表示不同于一般的开始，就像高大的建筑物修建筑立起来一样，在视觉上给人快速壮大之感。

要，形声字，以"臼"为边旁，以省略了两点的"交"做声旁。"臼"，左右两只手。"要"字形似两手叉腰正向站立的人。

要 　　　　要（古文） 　　　　交

万，繁体字"萬"，象形字，本义是虫蝎。字的上部像蝎子的两只钳子，中部表示虫身，下部则像蝎子弯着的尾巴。

万 　　　　木 　　　　竹 　　　　月

"木""竹""月""飞""韭"等字都是以事物的正面身姿来展示字义的。

侧面的汉字

部分汉字的构造会以侧面形象进行展示，比较常见的是由"人"

构成的合体字。

从，异体字"從"，听从、采纳，相跟随。字形采用两个侧面的"人"（面朝左）来会义。

比，相从密切。两"人"相随构成"从"字，反写"从"字遂成"比"，也是采用两个侧面象形的"人"（面朝右）来会义。"比"的基本义是紧紧挨着、靠着，如"比翼双飞""比肩继踵""天涯若比邻""小人比而不周""比时""比比皆是"之"比"。

北，形如两个背靠背站立的人，表示违背，同"背"字，引申义为北方。

从　　比　　北

马，繁体字"馬"，侧面展示了马的头、鬃、尾、四足。

马　　臼

臼，舂具。古人掘地为臼，后来随着生产工具的发展，又挖凿木石为臼。凡凹者曰臼，"臼"字像一个侧面剖开的凹臼。

臣，象形字。"匚"（fāng）即眼眶的侧面形状，"匚"中上下两条横线就像人的上下眼皮，"匚"内鼓起部分则代表眼珠。"臣"的本义是眼睛。如"覽""鑒""監""望"等字（简体字分别为"览""鉴""监""望"）都含有表示眼睛的偏旁"臣"，由它们组成的词语"展览""阅览""鉴定""鉴别""监视""监考""仰望""眺望"等都与"看、视"有关。

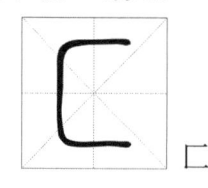

臣　　臣（籀文）

反身变形的汉字

由于字形和字义的需要，汉字在构造过程中还会出现反身变形现象。

步，会意字，字形由"止、少"会义而成。"止"，像草木生于地表，底部的一横表示草木的根基。所以，古人用"止"表示"足"，同"趾"。"少"是反过来的"止"，即"止"的相背（反身）。"步"的本义是迈开脚慢慢行走。我们把行走过程中左右脚的前后距离定为一步。

行，会意字，字形由"彳、亍"会义而成。"彳"，象形字，像人的大腿、小腿和足三部分相连的样子，本义是小步走。"亍"，"彳"的反身，本义是停下脚步。"彳"，小步也。"亍"，步止也。"行"的本义是"人之步趋也"。"步"，行也；"趋"，走也。即快走、慢走、小跑都属于行。《尔雅》："室中谓之时，堂上谓之行，堂下谓之步，门外谓之趋，中庭谓之走，大路谓之奔。"后来，"行"引申出巡行、行列、行事、德行等意思。"行"做名词时可解释为贯通四方的大道。

舛，会意字，字形由"夊、牛"会义而成。"夊"，象形字，是"止"的变形，就是脚。"牛"是"夊"的反身。"夊"和"牛"代指左右脚。"舛"的本义是人与人相对卧着休息，或者脚与脚相抵而卧。

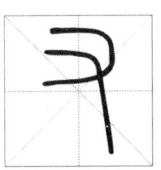

"又"指右手，反"又"为"ナ"，即左手。左右两手相对就是"廾"（gǒng），四只手一起就是"共"。在篆书中，"左"字上部便是

"ナ"。所以,"左"字的本义与手有关,在古时可表示出手相助,与今之"佐"字等同。

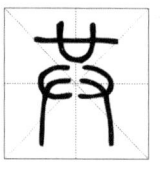

共　　　左

非,像鸟左右相对展开的翅膀。飞,繁体字"飛",像鸟展翅伸颈的样子,本义是展翅翱翔。"非"取"飛"下部表示"翅膀"的部分,基于左右两翼相背的含义造字。"非"的本义是违背。

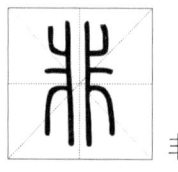

非　　　飞

爿,反"片"为"爿"。将"木"字从当中破开,左半边为"爿",右半边为"片"。"鼎"字下部就是从当中破开的左右半木,分别是"爿"和"片"。

木　　　鼎

匕,"人"的反身。"匕"主要有两种解释:一种认为是用来盛饭的匙;一种认为是足(篆书"鸟"字的左下部就是"匕",代指鸟足),于是两足并拢就是"比"。所以,"比"的本义是靠着、挨着。

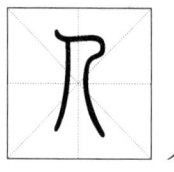

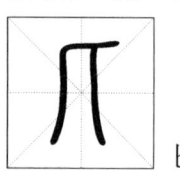

人　　　匕　　　鸟

仄,会意字,字形采用"厂、人"会义,"人"在"厂"下,形容人扭着脖子让头部朝一边侧倾。"丸",从反"仄",意思是倾侧着旋转。

仄　　　丸

永，象形字，像纵向的河水源远流长，取河水长流之意。反"永"为"𠂢"。"派"的本义是分支的水流。

永 　　𠂢 　　虐

虐，会意字，字形由"虍、彐"会义而成。"虍"为虎，"彐"为"手"，覆手（反身）曰爪，虎爪向外攫人就是"虐"，泛指虎豹残杀猎物。"虐"的异体字为"虐"，字形由"虍、爪、人"三字会义而成。

横卧变形的汉字

根据字形结构的需要，部分汉字的偏旁会发生横卧变形。

益，会意字，字形由"水、皿"会义而成。水生万物，是一切生命的源泉，是人类最宝贵的资源之一。水草丰茂之处是昆虫、鸟类、鱼类、禽兽等云集之所，是原始时期人类狩猎捕鱼的绝佳之地。农牧时代，这里是放牧的好去处，开垦出来之后，则是绝佳的耕地。所以，水象征着财富。"皿"是盛水的器具。"益"字上部的"水"横卧，表示水从器皿中满溢出来，直观地表现出"益"的本义——富饶有盈余。

益

雋，会意字，字形由"隹、弓"会义而成。"隹"就是鸟。一说短尾巴的叫隹，长尾巴的叫鸟；一说南方方言中称鸟为隹。"弓"，开弓射箭。因为鸟肉肥美（"雋"的本义），所以要开弓射箭，捕捉鸟类为食。"弓"字偏长，为使整体字形更加美观漂亮，"雋"下部的"弓"遂横卧变形。现在一般将"雋"写作"隽"。因为鸟肉肥美，让人久久回味、难以忘记，所以产生"隽永"一词。

蜀，会意字，字形由"目、勹、虫"会义而成。一种说法是，"虫"指蚕虫，"目"像蚕虫的头，"勹"像蚕虫蜎蜎的身子，"蜀"的本义是蚕。另一种说法是，"虫"指蚕虫；"目"指眼睛，表示人们在养蚕时要时刻关注其状况；"勹"指房子，虫在"勹"中，即饲养蚕虫。在古代，四川的养蚕业相对发达，所以人们就把四川叫作"蜀"。"蜀"字上部的"目"因为字形结构不宜太长而横卧变形。

梦，繁体字"夢"。"艹"代表左右眼的睫毛；"艹"下面是横卧的"目"，表示闭目睡觉；"宀"（mì）表示房子；"夕"表示晚上，合译为晚上闭着眼睛睡在家里。古人善于观察，发现人在做梦的时候，睫毛会不停地抖动。"夢"字由此而造。

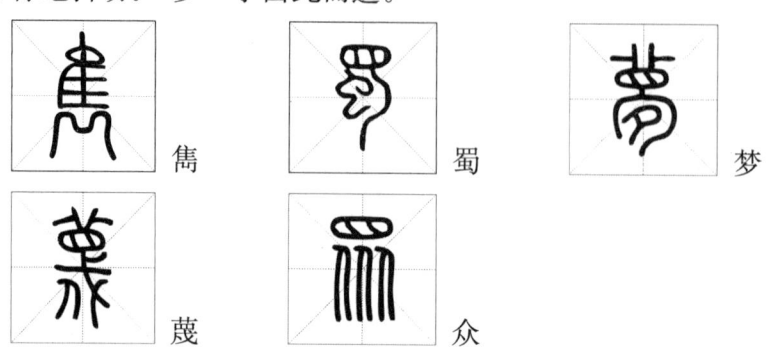

雟　蜀　梦

薎　众

薎，会意字，字形由"苜、戍"会义而成。"苜"指人劳倦时眼睛无神。"戍"，会意字，字形由"人、戈"会义而成，指守卫边疆的士兵。他们在艰苦的条件下日夜巡逻，自然劳累。"薎"的本义是疲劳的眼睛没有神采。为使字形结构紧凑美观，"苜"字下部的"目"横卧变形。

众，繁体字"眾"，会意字，字形采用"伙、目"会义。"伙"，三"人"的组合变形。"眾"，表人数众多。"眾"上部的"目"横卧变形。

倒立变形的汉字

根据字形结构的需要，部分汉字的偏旁会出现倒立现象。

育，形声字，"云"做边旁，"肉"（"肉"变形为"月"）做声旁。"育"的本义是"养子使作善也"。徐锴曰："云，不顺子也。不顺子亦教之，况顺者乎？"其实，"云"是倒过来的"子"。在篆书中，"子"的上部是一个圆圆的脑袋，身子和腿被包在襁褓之中，两只手臂伸出襁褓。

育　子

充，形声字。按清代陈昌治刻本《说文解字》的解释，其字形以

"儿"做边旁，以省略了"月"的"育"做声旁。"充"的本义是生长、长高。

弃，会意字，字形由"廾、苹、𠫓"会义而成。"廾"表示两只手；"苹"表示箕筐；"𠫓"，倒过来的"子"。"弃"的本义是双手抱着放有婴儿的箕筐，将其丢弃。

充　　　弃　　　弃（古文）

尚，形声字，字形采用"八"做边旁，"向"做声旁。"八"在字形上由分开的一撇、一捺构成，意思是一分为二、相别相背。"八"也像人呼出的气分散开来。"尚"就是上，曾，重也（曾孙、曾祖）。"尚"和"曾"都有层累加高之意。"尚"，可解释为曾经，大约……了吧。

㒸，形声字，"八"做边旁，"豕"做声旁。"八"，相别相背。"㒸"的本义是顺从、听从。有所背则有所从，所以采用"八"做边旁。

曾，形声字，"八、曰"做边旁，"囱"做声旁。"曾"，语气助词。

半，会意字，字形采用"八、牛"会义，表示物体平分所得的部分。牛是大物，因此可以被分割。

在篆书中，"尚""㒸""曾""半"等字上半部分的"八"是正常的形状。但在楷书中，其上半部分的"八"则变形为倒立的了。

尚　　　㒸　　　曾　　　半

干，会意字，字形由"一"和倒过来的"入"会义而成。"入"的本义是进到内部。反"入"，上犯之意。

䇂（rěn），会意字，字形由"二"和倒过来的"入"会义而成。"入""一"为干，"入""二"为䇂。"䇂"的本义是刺。

屰，即"逆"，会意字，字形由"干、屮"会义而成。"干"，上犯、冒犯；"屮"，凹陷、陷阱。"屰"的本义是不顺。

"干""䇂""屰"等字的上半部分是"入"的倒立变形。

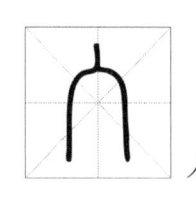

人　　干　　羊　　㐄

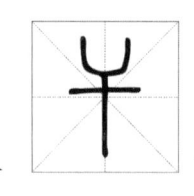

移位变形的汉字

根据字形结构的需要，部分汉字的偏旁会出现移位现象。

武，会意字，字形由"止、戈"会义而成。"止"，平息、停止；"戈"，一种兵器，指代战争。《说文解字》有言："楚庄王曰：'夫武，字功戢兵。故止戈为武。'"从结构上来说，"武"字中，"止"在"戈"下，为了给"止"字腾出足够的空间，于是把"戈"字的一撇移位到"武"字上部变成一短横。在"武"字的篆书写法中，"戈"字的一撇还没有移位。

武

鼎，三足两耳，是用来调和各种味料的宝器。"鼎"字下部是从当中破开的"木"，左边成"爿"，右边成"片"，表示剖开木头用以烧火煮饭。

鼎 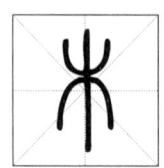　　木 　　爿 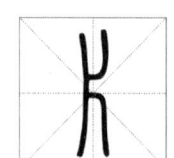　　片

寡，会意字，字形由"宀、颁"会义而成。"宀"，表示房子，代指房屋田产等一切财物；"颁"，本义是大头，在这里表示分授田地房屋等资产。"寡"，本义是稀少，引申为单独等义。"颁"在"寡"字中变形移位，左右结构变为上下结构。

寡

岁，繁体字"歲"，形声字，"步"为形旁，"戌"为声旁。"步"，走过、越过。关于其本义，说法不一。一说指岁星（木星），一说指割。"岁"在古代有木星的含义。古人认识到木星约十二年运行一周天，其轨道与黄道相近，因而将周天分为十二等分，称十二星次。古人

岁

根据木星在哪个星次来纪年，所以，"岁"有"年、年龄"的含义。在字形上，把"步"字上下拆开，然后将"步"下半部分的反"止"——少，移到"戌"的里面，由此构成"岁"之繁体。

杂，繁体字"雜"，形声字，"衣"做边旁，"集"做声旁。但"集"在这里不仅参与读音，还参与字义。"集"，上半部分的"隹"表示鸟，下半部分为"木"，表示鸟儿们在傍晚时分归巢，集中在大树上。鸟儿们的羽毛衣色各不相同，这就是"杂"字的由来。从字形上讲，其左上角是"衣"的变形，为使结构紧凑美观，遂把"集"由上下结构移位变形为左右结构，衣在木上，隹在右边，最终定型为"雜"。

强，异体字"強"，形声字，"虫"为形旁，"弘"为声旁。"強"就是"蚚"（qí），即生长在葵（一种蔬菜）中，与蚕相类似的一种昆虫。后来把"強"假借为"彊"。在籀文中，"强"作"蟲"，以"蚰"为形旁，"彊"为声旁。"強"字在结构上，上"弘"下"虫"，但"虫"把"厶"顶到上部移位变形，于是整体成左右结构的字。

韦，繁体字"韋"，形声字，"舛"做边旁，"囗"（wéi）做声旁。"舛"，左右相背的两条腿。"韦"的本义是相违背。"韦"，现在一般用作姓氏，或指兽皮（多为牛皮），但此用法不常见。作为兽皮之义的"韦"（韋），其本字应为"围"（圍），兽皮可以作为束带，把那些杂乱、弯曲、相违背的树枝等围绕捆绑起来。"韋"是"圍"的假借字，时间长了，"韋"字得到通用，而本字"圍"却慢慢被弃用了。"韋"在字形上，将"舛"由左右结构移位变形为上下结构。

降，字形右边其实就是把"舛"由左右结构移位变形为上下结构。"降"，表示从坡上一步步走下来。

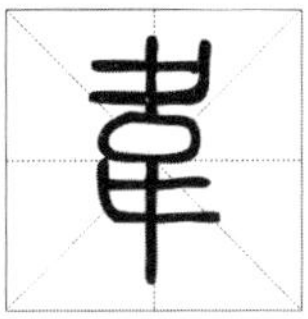

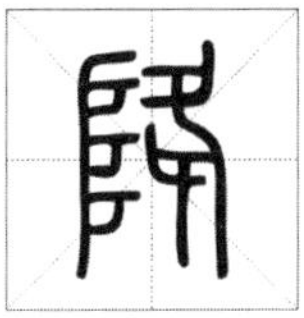

荧，繁体字"熒，"会意字，字形由"焱、冖"会义而成。"焱"，火光盛大；"冖"，现在写作"宀"，表示房屋。"荧"的本义是房屋下的烛光。

艹，上部的两个"火"其实是"炎"的变形。上下结构的"炎"直接立于"冖"之上，会使整体字形过长，于是把"炎"移位变形为左右结构的两个"火"。当左右结构的"炎"之变形立于秃宝盖上部时，现在通常将其简写作"草字头"。但这种写法存在弊端，因为此处的"草字头"与"草"无关，容易让人对相关字义产生误解。"艹"作为偏旁，其下可以放"木""火""土""水""力""玉""虫""糸""吕"等，构成的字都与"草"无关。如："劳"，繁体字"勞"，会意字，字形由"力"与省略了"火"的"熒"会义而成。"熒"，表示火烧房屋。用力救火者疲惫辛苦，所以，"劳"的本义是生活艰苦。故此，笔者建议把"艹"恢复成原状，不再简写成"艹"，或者简化成"䒑"，两个"火"字分别简写作"丷"的两点。

张大变形的汉字

根据字形结构的需要，部分汉字的偏旁会出现撑大、张大的现象。

存，形声字，"子"做边旁，"才"做声旁。"存"的本义是体恤、关切。"存"的左上部是"才"，把"才"的"丨"左移，从而给"子"腾出更大的空间。

在，形声字，"土"做边旁，"才"做声旁，意思是存于某处。"在"，存也；"存"，在也。两字互为转注。"在"的左上部是"才"，把"才"的"丨"左移，从而给"土"腾出更大的空间。

局，会意字，字形由"尺、口"会义而成。"尺"，做事有分寸、有规矩；"口"，表示夸夸其谈、信口雌黄。用"尺"压住"口"（"口"在"尺"下），表示三缄其口。"局"字中，为了便于"口"的存放，便把"尺"之一捺张大成"丁"，形成一个大肚皮。

夋（qūn），形声字，"夊"为边旁，"允"为声旁。"夊"，两足。"夋夋"，行走迟缓的样子。"夋"在字形上把"允"字下半部分的"儿"撑开张大为"八"，从而让"夊"有足够的书写空间。

存 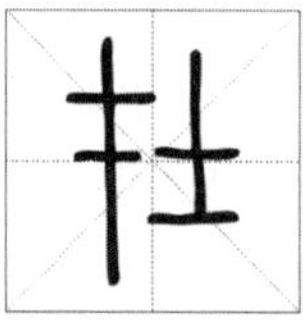　在 　局 　夋

衣，经常会被上下拆开、撑大，中间夹进去一个偏旁而成为新的字，如"衷""衰""哀""亵""袤""裹""褒"等。笔者把这种现象叫作"开衣架"。

亵，形声字，"衣"做边旁，"埶"做声旁。"亵"的本义是居家睡服。《论语》曰："君子不以绀緅饰，红紫不以亵服。""亵"引申为昵狎，假借为"媟"字。"亵"在字形上是把"衣"字撑大、张开，中间塞进去一个"埶"字。

衷，形声字，"衣"做边旁，"中"做声旁。"衷"的本义是贴身穿的内衣，引申为折衷，假借为"中"字。"衷"在字形上是把"衣"字撑大、张开，中间塞进去一个"中"字。

袤，形声字，"衣"做边旁，"矛"做声旁。"袤"的本义是衣裳的衣带以上的部分。还有一种说法认为，在描述广阔地域时，南北向叫"袤"，东西向叫"广"。在籀文中，"袤"字采用"楙"做边旁。"袤"在字形上是把"衣"字撑开、张大，中间塞进去一个"矛"字。

衣　　亵　　衷　　袤

缩小变形的汉字

根据字形结构的需要，部分汉字的偏旁会出现缩小变形现象。例如，"聿"作为偏旁，构成"盡"后，其下半部分的"火"就变形为"灬"。我们常见的"绞丝旁""提土旁""斜玉旁""金字旁"等都属于缩小的偏旁。又如"林""珏""㳽""吕""炎""昌"等偏旁重复的合体字，为了使字形在整体上更加紧凑美观，一般会将位于左部或上部的偏旁缩小。

州，会意字，字形由两个"川"会义而成。为使字形紧凑美观，其中的一个"川"被缩小变形。江河中央可以居住生活的岛叫作"州"，字形像河水环绕小岛，故采用两个"川"会义。在尧的统治时期，人们遭遇大洪水，只能住在水中的高地，这些高地后来有了"九州"之名。另有一种说法认为，"州"同"畴"，各州的人各畴其土而形成不同的州地。

班，会意字，字形由"玨、刀"会义而成。两块玉中间夹一把"刀"，表示把作为信物的瑞玉切分成两半。中间的"刀"缩小变形。

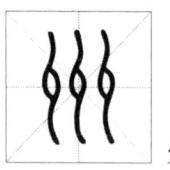

州

班

辨，形声字，"刀"为形旁，辡（biǎn）为声旁。"辨"的本义是分割、区分、判别、辨别。

喜，会意字，字形由"吉、言"会义而成。"吉"，表示吉祥、喜庆、吉利；"言"，则指语言、言辞。"喜"，说一些吉利、赞美、激励的话，就会让听者内心愉悦。在字形结构上，"喜"以"吉"字作头，下半部分是"言"字，出于美观和谐的考虑，遂省略"言"顶部的"丶"，并把"言"字的三横缩小变形为两点、一横《说文解字》认为：喜是会义字，由"壴、口"会义而成，喜悦、欢乐的意思。

善，会意字，字形由"羊、言"会义而成。"羊"是人类圈养的温顺的动物。"羊言"就是羊的叫声，温和可人，不似熊咆、龙吟、狮吼、虎啸、狼嚎等猛兽的叫声让人胆战心惊，闻声色变。这也是不择其他猛兽的叫声，而以"羊言"造"善"字的原因。在字形结构上，"善"以"羊"字作头，下半部分是"言"字，出于美观和谐的考虑，遂省略"言"顶部的"丶"，并把"言"字的三横缩小变形为两点、一横。

庶，会意字，字形由"广、廿、火"会义而成，或说由"广、炗"会义而成。"炗"，"光"的异体字。"广"，房屋，与"灬"搭配，就是烧火的房屋，本义指烧火蒸煮；因烧火煮饭是奴隶的事务，引申为奴隶，后泛指百姓、平民，又引申为众多、繁多；烧火煮饭的地方都在旁侧之屋，故又引申为宗族的旁支、非正妻所生之子；庶子与嫡子相近，故又引申为庶几、差不多。"庶"在字形结构上把下半部分的"火"缩小变形为"灬"。存在类似变形的还有"热""烈""蒸""煮"等字。但偏旁"灬"并非都表示"火"，也可做动物尾巴或四肢的象形，如"燕""羔""熊""罴"等字。

庶

慕，形声字，"心"做形旁，"莫"做声旁。"慕"，因喜爱而学习、模仿。"习其事者，必中心好之。""慕"字中，"心"缩小变形为"⺗"。

乱，会意字，字形由"𠆯、乙"会义而成。"𠆯"，不治也；"乙"，治之也。"乱"在字形上，把"乙"之横折缩小变形为"乚"。

乳，会意字，字形由"孚、乙"会义而成。"孚"，鸟孵蛋（卵）；"乙"，黑色的燕子。《明堂月令》上说："玄鸟至之日，祠于高禖，以请子。"祈求生儿育女，一定要在燕子随季节迁徙而来之后，因为燕子是在春分时节飞来、秋分时节飞去的候鸟，也是少昊氏时期主管春分秋分的官员。鸟孵化雏鸟叫作"乳"，兽生幼兽叫作"产"。"乳"在字形上，把"乙"之横折缩小变形为"乚"。

冖，象形字，是"一"两头下垂的形状，意为覆盖。"冖"，原写作"冂"，为了让合体字下半部分的偏旁拥有更大的空间，遂缩小变形。

宀，象形字，字形像房屋。"宀"就是屋顶两坡相交覆盖的高顶房屋。"宀"，原写作"冂"，为了让合体字下半部分的偏旁拥有更大的空间，遂缩小变形。也有极少数合体字中的"宀"没有缩小变形，如"奥""向"等。

"美""盖"等字上半部分的偏旁"羊"的一竖下端不出头，"告"字上半部分的偏旁"牛"的一竖下端也不出头，均是为了使整体字形紧凑美观，于是缩小变形。

美，会意字，字形由"羊、大"会义而成。马、牛、羊、豕、犬、鸡，人们在饲养它们时叫其六畜，在宰杀食用它们时称其六牲。羊在六畜之中是提供肉食的主力。羊大则肥美，"美"的本义是甘（甜美）、爽口，引申为好。

告，会意字，字形由"牛、口"会义而成。牛在激动、愤怒时可能会用牛角顶触人，于是，人们在部分牛的角上绑一段横木，用来警告、警示他人。"告"的本义是警告、报告、上报。

美 　　　　告

重叠变形的汉字

构成汉字的各偏旁的笔画若存在重叠或者重复现象，一般需要对重叠、重复部分进行合并或省略变形。

子，字形像襁褓中的婴儿，两腿因为被完全包裹在襁褓中而合并（省略）成一竖。古文"子"，摹画的襁褓中的婴儿还有头发。

子 　　　　子（古文） 　　　　昏

昏，会意字，字形由"日"和省略了一点的"氐"会义而成。"氐"同"低"；"日"为太阳。傍晚时分，太阳西斜降落便是"昏"。"昏"字以"日"做底，故"氐"省略下部的一点，变形为"氏"。

新，形声字，"斤、木"为形旁，"辛"为声旁。"新"的本义是劈柴。木头的外表经风吹日晒雨淋而变得陈旧，但被斧头劈开之后，里面依旧鲜亮崭新，所以，"新"又引申为崭新。

枭，据传是一种会啄食自己母亲的不孝鸟。鸟在木上，"鸟"下一横和"木"之一横合并。

彖（tuàn），会意字，字形由"彑、豕"会义而成。"彖"即豕，也就是猪。《周易》把"彖"解释为断定一卦。"彑"的底部有一横，"豕"的上部有一横，两横合并为一横。

新 　　　　枭 　　　　彖

千，会意字，字形采用"十、人"会义。"千"中间的一竖与

"十"之一竖重合。

戋，繁体字"戔"，会意字，字形由两个"戈"会义而成，意思是残、败。徐锴曰："兵（兵器）多则残也，故从二戈。""戋戋"有两种意思，一是表示少、细微，如"戋戋微物""为数戋戋"；二是形容多，如"束帛戋戋"。后来把二"戈"重叠的"戔"简化变形为"戋"。

枣，繁体字"棗"，会意字，字形由两个"朿"会义而成。朿（cì），即刺，小的荆棘树丛生的样子；左右重朿为"棘"，指矮小、丛生的荆棘；上下重朿为"棗"，长大后会生果子的为棗。后来把上下重叠的两个"朿"简化变形为"枣"。

千	戋	枣

并，异体字"竝"，字形由左右并排的两个"立"构成。"立"，会意字，字形由"大、一"会义而成。"大"形如一个撑开双腿、平举双臂的人；"一"代表大地。"立"的本义是站住。"竝"则表示两个人并排站立。后来把左右并排的两个"立"简化变形为"並"，即"竝"上两点不变，上部的两横和底部的两横分别合并成一横，中间四点变形为两点、两竖。之后，"並"进一步简化为"并"。

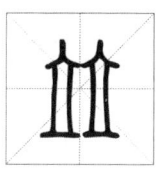

立	竝

兼，会意字，字形由"秝、又"会义而成。"又"即"彐"，也就是手。"兼"像一只手同时抓握两茎禾。"兼"是手持二禾，"秉"是手持一禾。"兼"的意思是同时操持、把握。

兼	秉

组合变形的汉字

勤劳智慧的中国人在造字时，对偏旁进行了各种组合和搭配，成就了一门独特的汉字艺术。

两个字合并组合，如：

千瓦——瓩　　　　　　千克——兛

三个或四个字合并组合，如紫气东来、招财进宝、吉祥如意、日进斗金等。

紫气东来　　招财进宝　　吉祥如意　　日进斗金

还有组合字构成的对联：

八仙祝寿

拐李先生得道高，钟离盘石把扇摇。
国舅手执云杨板，果老骑驴走赵桥。
洞宾背剑清风客，湘子瑶池品玉箫。
仙姑敬奉长生酒，彩和花篮献蟠桃。

一十①丰满民俗字

一帆风顺，二龙戏珠，三羊开泰，四季平安，五谷丰登，六六大顺，七星高照，八方来财，九久安康，十全十美。

下面是笔者归纳罗列出的汉字身姿变形表：

表1　汉字身姿变形表

身　姿	例　字	身　姿	例　字
立　身	刂、亻、忄、礻、犭、目、印、卧、訃	倒　立	育、弃、尚、曾、干
斜　身	乎、羊、炙、玫、扌、堤、切	移　位	武、鼎、韋、歲、雜、咎
正　面	天、人、立、夏、萬	张　大	存、在、局、戉、衷、袤、裹、衰、哀、褒
侧　面	比、从、北、臣	缩　小	州、班、辨、喜、善、庶、慕、宀、宁、告
反　身	步、彳、舜、尢、又、厌、丸、非、虐	重　叠	昏、新、枭、象、差、戈、枣、並
横　卧	益、雋、夢、蔑、蜀、曼	组　合	旺、尫

---

①一十，谐音衣食。

千变之手

——汉字中的手

偏旁"手"在汉字当中可称得上是"魔术大师""百变金刚",由其组成的汉字达千个以上。汉字中的"手"有多种变形,所以,了解"手"的最初写法,有助于我们理解"手"为什么会有这些变形。甲骨文当中还没有单独的"手"字,只在合体字中出现了偏旁"手"。甲骨文"共"和篆文"具"的下部分别是左右两只"手";篆文"又"形如右"手",非常形象,字形由三根手指组成的手掌①和前臂构成。

共(甲骨文) 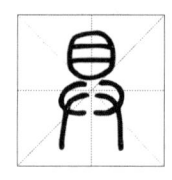　　具(篆文)

又(篆文)

含有偏旁"手"及其变形的字,都与动作有关。汉字因形表义的特点极大地帮助了学习者、使用者理解汉字。屈原的《离骚》"朝搴阰之木兰兮,夕揽洲之宿莽"一句中,"搴""揽"两字都含有偏旁"手",意思分别为"执""挽"。在汉字中,偏旁"手"的变形多达十几种,主要有"ナ""寸""爫""又""支""攵""彐""廾"等。

"手"

在上下结构的合体字中,"手"位于字的底部时,一般不变形,如"摩""挚""摹""拳""掌""擎""拿""擘""搴""攀""挈""挚"

---

①因为罗列数字多不过三,所以用三根手指代表手掌。

"挚""掣"等字。

篆书中的"手",形似张开五指的手掌和小臂。五指张开的就是手,五指蜷握的就是拳。

手　　　手(古文)

掌,形声字,"手"做边旁,"尚"做声旁。"掌",手心。
拳,形声字,"手"做边旁,"关"做声旁。"拳",屈指紧握的手。

掌　　　拳

摩,形声字,"手"做边旁,"麻"做声旁。"摩",用手掌将东西研细。"研"也作"擎","擎",摩也;"摩",擎也。"擎"与"摩"两字互为转注。

摹,形声字,"手"做边旁,"莫"做声旁。"摹",根据规范、标准练习。现代汉语中的"摹画""摹写""临摹"等均出自此义。

摩　　　摹　　　擘

擘,形声字,"手"做边旁,"辟"做声旁。"擘"就是擗、捭,用手撕开。

"扌"

左右结构的字,"手"放在左边做偏旁时就变形为"扌"。在篆书中,"手"位于字的左边时,不变形。含偏旁"扌"的字有"推""拉""把""扛""抬""投""掷""挑""提""抗""打""扫""捡""拾""护"等。

抛,会意字,字形由"手、九(尤)、力"会义而成。"扌",用手持握;"九",形似臂肘。"手"握物件,伸直"肘"臂用"力"投出就是"抛"。

括，形声字，"手"做边旁，"舌（昏）"做声旁。"括"，用绳或带子结扎、捆束、捆扎。"囊括""概括"的"括"均是此意，引申为约束。

抛　　括

扬，繁体字"揚"，形声字，"手"做边旁，"昜"做声旁。"扬"，高举使之飘荡。

换，形声字，"手"做边旁，"奂"做声旁。"换"，交换。

扬　　换

拉，形声字，"手"做边旁，"立"做声旁。"拉"，摧折。成语"摧枯拉朽"中的"拉"就是本义。

抉，形声字，"手"做边旁，"夬"做声旁。"抉"，挑选、选择。

拉　　抉　　捷

捷，形声字，"手"做边旁，"疌"做声旁。"捷"，猎获，军队缴获物资。

"报"（報）、"执"（執）等字把偏旁"幸"简写作"扌"，并非真正的"手"。

"手"

无论是上下结构还是左右结构的合体字，其偏旁"手"都可以变形为"手"，如"看""拜""掰""舜"等。

看，字形由"手、目"会义而成，表示手搭凉棚，眼睛向前看。"看"，远望。"看"上半部分的"手"变形为"手"。

拜，会意字，字形由两"手"和"丅"会义而成。"丅"为"下"的篆文。《说文》引扬雄之言："拜从两手下。"表示双手作揖，或下拜。隶书将"丅"（下）并入右部的"手"之下而成为"拜"，一直沿用至今。"拜"的本义是古代表示敬意的一种礼节，两手合于胸前，头低到手。"拜"左半部分的"手"变形为"扌"。

掰，会意字，字形由两"手"和"分"会义而成。"掰"，用手把东西分开或折断，其左半部分的"手"变形为"扌"。

撜，会意字，字形由两"手"和"合"会义而成。"撜"，方言，两手用力合抱，引申为结交。"撜"，左半部分的"手"变形为"扌"。

"爫"

爫，象形字，像手向下持物的样子。"爫"，是"爪"的变形。覆手曰爪，仰手曰掌。"爪"，用手抓持。"爫"，就是手心向下的"手"。

寽，五指持而取之，张开五指抓取某物，即简体字"捋"。

采，会意字，字形由"木、爪"会义而成，手在树上采摘果子、桑叶、茶叶等。"采"，捋取。

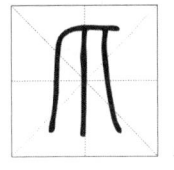

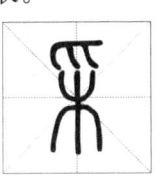

爪　采

争，旧作"爭"，由"爪""彐"和"亅"组成。"爪"是手，"彐"也是手，上下两只手在拉扯争抢，"争"之本义由此而来。

奚，会意字，字形采用"爫、糸"会义。"奚"的本义是抓人（罪人）的小辫子。

争　奚　舀

舀，字形采用"爪、臼"会义，指用盛器将臼中物装出来。

孚

孚（古文）

妥，字形采用"爪、女"会义，表安抚。"妥"与"安"含义近同。

孚，字形采用"爪、子"会义。"孚"，生也，谓子出于卵也，即禽蛋孵化而出。鸡蛋孵化出的必是鸡，龟蛋孵化出的必是龟，借此引申出言而有信之义。

印，字形采用"爪、卩"会义。"印"，执政者所持的信物，即公章。"印"字原本是上下结构，简体字改作左右结构，"爪"的掌心由向下变为向右，或者说把"爪"立起来了。

印

淫，右上部的"爫"非手，而是甲骨文"雨"字省略三点的写法，即久雨曰淫。范仲淹《岳阳楼记》道："若夫淫雨霏霏，连月不开……"

"臼"

臼，象形字，舂具。古人掘地为臼，后又挖凿木石为臼。臼中舂米离不开双手反复揉捏，"臼"的字形也像左右两只竖起来相对的"爪"。很多含有偏旁"臼"的汉字都与手有关。

申，字形是"臼"中间插入一个指事符号"丨"。"臼"，左右手对合的样子，就像双手用力抓紧、捏紧；"丨"则表伸展、伸长。"申"的本义是双手紧握某物，把它拉长。

臼

申

曳，形声字，"申"做边旁，"丿"做声旁。"申"以"臼"做字根。"臼"，双叉手，表示一切自持。"申"表示左右手对合拉伸。"曳"，双手抓着拖曳。

臾，会意字，字形由"申、乙"会义而成。"申"，双手抓住牵拉；"乙"，像草木弯曲。"臾"，抓扯对方的头发，让对方疼痛地弓着身子

（引之为冤曲）。

曳　　　　曳　　　　夏

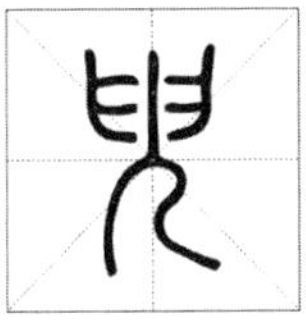

夏，字形采用"頁、臼、夂"会义。"頁"（页），人首（头）；"臼"，两手；"夂"，两足。"夏"字是一个由头、手、脚正向组成的字，头、手、脚俱全，代指正派正统的人。"夏"的本义是中原之国的人，区别于北方狄、东北貉、南方蛮闽、西方羌、西南焦侥、东方夷也。"夏"的引申义是"大"。"大"字也是一个人的形状。简体字"夏"省略了偏旁"臼"。

要，以"臼"为边旁，以省略了两点的"交"做声旁。"臼"，左右两只手。"要"字形似两手叉腰的正向站立的人。简体字"要"中已无法看出偏旁"臼"。

要 　　　　交

"又"

又，象形字，像右手掌和前臂。"又"，本义是右手，后来泛指手。

反，会意字，字形采用"又、厂"会义。"又"，手；"厂"，像手掌翻转的样子。"反"的本义是翻转手腕。

又 　　　　反

叔，形声字，"又"为边旁，"朩"为声旁。"又"，手。"叔"的本义是拾起、收拾。"叔"的异体字采用"寸"做边旁，可见"寸""又"可以互换通用。

叔　　　叔（小篆）

双，繁体字"雙"，会意字，字形采用"雔、又"会义，表示用手抓着两只鸟。简体字"双"是由两个"又"会义而成，两只手放在一起就是"双"。

对，繁体字"對"，会意字，字形采用"丵、口、寸"会义。简体字"对"，字形采用"又、寸"会义。"又"是手，"寸"也是手，两只手成"对"。"成双成对""出双入对"便出自此义。

友，篆书字形采用两个"又"会义，简体字形由"ナ、又"会义而成。"ナ"，左手，泛指手；"又"，手。"友"，像两人交手相握，彼此友好，志趣相投。

双　　　对　　　友

取，会意字，字形由"又、耳"会义而成。"又"是手，"耳"就是人的耳朵。"取"，手牵耳割取之，捕杀。古代作战，以割取敌人首级或左耳来计数献功。《周礼》记载："大兽公之，小禽私之，获者取左耳。"《司马法》记载："载献聝。"聝，就是耳朵。

及，会意字，字形由"人、又"会义而成。"又"是手。"及"，表示后面的人赶上来用手抓住前面的人，本义是从背后追上并抓捕。

驭，会意字，字形采用"又、马"会义。"又"是手，用手御（驾）马车就是"驭"。

壑，会意字，字形采用"歺、又、谷"会义。"歺"，指残骨；"又"，手，表示抓、举；"谷"，悬崖深涧。"壑"的本义是先民抛崖天葬的深谷。在发明土葬之前，古人将死者遗体进行抛崖处理。古人称抛尸深谷的天葬为"坠"，称抛葬的深谷为"壑"。

取　　　及　　　壑

叔，会意字，字形采用"又、卡（歺）"会义。"又"，是手，用手来戳穿、毁坏。"叔"就是戳穿、毁坏的意思。以"叔"为声旁的字有"督""督""督"等。

少数品字形、偏旁重复的汉字，在简体字中用"又"来表示重复部分，如轰——轰、聂——聂等。另外，"戏"，军之旌旗也，现在简写作"戏"；"权""劝"等则把"雚"简化成"又"，写作"权""劝"。"艰""难""汉""仅"等字把"堇"简化成"又"，写成"艰""难""汉""仅"。这些字的偏旁"又"与"手"无关。

"父"

父，字形由"又"及其上的"一短竖"构成。"又"是右手，"一短竖"像棍子、手杖。"父"的字形像一手举杖教训子女的样子。父亲是规矩的代表，是一家之长，是带领、教育子女的人。对于简体字"父"，笔者认为：上半部分是"八"，下半部分是撇捺交叉的"又"（"史"字下部撇捺交叉的偏旁也为"又"的变形，见篆书"又"字）。"又"是"手"，人身上的一切任务、使命、职责都要靠双手劳动来实现。"八"左右各一点，在字形上是为了对称，避免了篆书"父"在字形上因只拿一根手杖而不对称，也表示父亲手上主要有两项使命和职责，一是正己修身，注重身教，严格要求自己，以自己合乎道德规范的言行引领示范、直接影响下一代，时时事事做子女的表率；二是管教齐家，严格教育子女，使其身体茁壮成长，使其思想健康、世界观正确，使其掌握必备的知识技能。一个"父"字，简单几笔，却蕴含深刻的为父之道。由此观之，一个汉字就是一部文化史，一个汉字就是一部哲学史。汉字之深奥、伟大由此可见一斑。

史，会意字，字形由"中、又"会义而成。"中"，表示记录客观公正；"又"，即手。"史"，从"又"持"中"，表示手持公正，记事以事实为依据，不偏不倚。"史"的本义是官中负责记录重大事件的官员。春秋时期，齐国权臣崔杼弑齐庄公。齐太史伯秉笔直书："崔杼

弑其君。"崔杼又杀太史伯。太史仲、太史叔仍如实记载，最后也被崔杼杀了。崔杼以此威胁太史季，让他将庄公的死因改写为暴病而亡。太史季却说："据事直书，是史官的职责，失职求生，不如去死。"崔杼只得罢手。春秋时期的史官，头可断，历史真相不可乱。太史家的人，有骨气，有操守，令人敬佩。

丈，会意字，字形由"又、十"会义而成。"又"，手。"丈"，像一手持"十"进行丈量。"丈"，十尺的长度。

"ʔ"

祭，会意字，字形采用"月、又、示"会义。"月"是肉的变形；"又"是手；"示"表示祭祀。"祭"，用手抓着肉献祭、祭祀。"祭"字右上部的"又"变形为"ʔ"。

祭

"ナ"

上下结构的字中，偏字"手"位于上部时可变形为"ナ"，如"有""左""右"等。

左，会意字，字形采用"ナ、工"会义，表示出手相助。"ナ"，左手，佐助之手。以手助手是曰左，以口助手是曰右。简体字"右""有""灰"等的偏旁"ナ"，在篆书中写作"又"。"又"就是与左手相对的右手，后来泛指左右手。

右，字形采用"口、又"会义。"又"，泛指左右手；"口"，用舆论进行声援。"右"，用口声援、用手相助。

左　右

若，会意字，字形由"艹、右"会义而成。"艹"表示草本类植物，这里指蔬菜；"右"与"手"有关。"若"的本义是择拣菜蔬、择菜。另一种说法认为，"若"是"杜若"，一种香草。

有，形声字，"月"做边旁，"又"做声旁。"月"是"肉"的变形，"又"指手。"有"的本义是"手下有肉"。另一说法认为，"有"，表示不合理地持有。

若　　　有　　　灰

灰，会意字，字形采用"火、又"会义。"又"是"手"。"灰"，物质经过燃烧后剩下的粉末状的东西。

"存""在"等字从"手"，因为"ナ"之下还有一竖，这是"才"的变形。"存""在"都含有的偏旁是"才"。

"寸"

寸，字形采用"又、一"会义。"又"是手，"一"是指事符号。由手掌后退一寸，即动脉位置，叫作"寸口"。寸口处是中医把脉的地方。"寸"，表示行事法度，也表示手。

寺，形声字，"寸"为边旁，"之"为声旁。"寺"，廷也，有法度者也，即拥有执法权的地方，如大理寺。

导，繁体字"導"，形声字，"寸"做边旁，"道"做声旁。"寸"是手，引之必以法度。"导"，带领，用手指引方向。

寸　　　寺　　　导

尉，会意字，字形采用"𡰥、火、又"会义。"𡰥"是"仁"的异体字，意思是平；"火"变形为"小"；"寸"和"又"互换通用，即手。以手持火，把火盛于斗中使斗受热，然后手持斗柄熨烫衣帛，让衣帛变得平整，所以，"尉"的本义是熨烫。基于熨烫可以使织物平展，"尉"引申用于社会政治，就有凭借武力或法律使地方安稳的意思。

尊，会意字，字形由"酋、寸"会义而成。"酋"是酒坛，"寸"是手。"尊"的本义是盛酒的器皿。

"攴"

攴（pū），作为偏旁"手"的变形之一，一般放在合体字的右部，如"敲""寇""鼓"等；也有放在合体字的底部的，如"更"等。

攴，形声字，"又"做边旁，"卜"做声旁。"又"是手，所以古书上也把"攴"写成"扑"。"攴"，击打。

敲，形声字，"攴"做边旁，"高"做声旁。"敲"，横扫攻击。

寇，会意字，字形采用"完、攴"会义。"宀"，房屋；"元"，人头。"攴"，击打。闯入屋中，敲击屋主脑袋的行为就是"寇"。"寇"也做暴乱解释。

攴　　　敲　　　寇

鼓，异体字"皷""鼔"，会意字，字形采用"壴、攴"会义。"攴"，像手持椎棒击鼓的样子。"鼓"是用皮包裹蒙覆的乐器。

更，形声字，"攴"做边旁，"丙"做声旁。"攴"是手，表示动作。"更"，改变，改变现状肯定要有所动作。

鼓　　　更

"攵"

攵（pū），在篆书中写作"攴"，是其变形。"攵"现称"反文旁"，是放在字右半部分的"手"，与文学、文字等意义无关。为了避免大家对与"攵"有关的合体字产生误解，笔者建议改称"攵"为"撇又手"（"又"上加一撇，是偏旁"手"的变形）。

放，形声字，"攵"做边旁，"方"做声旁。"攵"是手。"放"，张开手驱逐。

敖，会意字，字形由"出、放"会义而成。"出"，走出去；"放"，取放浪之意。"敖"的本义是出游。现代词语"遨游"便出自"敖游"。

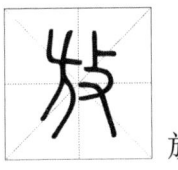

放　　敖

攸，会意字，字形采用"人、攴"会义，水省。"亻"，人；"攴"，入水的手杖。"攸"的本义是老人拄杖慢行，或是拄着拐杖小心地过河。"攸"的小篆从"水"。

教，会意字，字形采用"孝、攴"会义，本义是"上所施，下所效也"，"教效"叠韵（同部叠韵的可以互训）。"孝"，善于侍奉父母长辈，其字形寓意"子承老"，即晚辈效仿长辈。"攴"，长辈展示正确的做法，手把手教。上施故从"攴"，下效故从"孝"。

攸　　攸（小篆）　　教

敛，形声字，"攴"做边旁，"佥"为声旁。"敛"，收也，手收拢。

孜，形声字，"攴"做边旁，"子"做声旁。"孜"，勤勉不息。成语"孜孜不倦"，指手不停地劳作而不知疲倦，表示勤勉。

敛　　孜

数，形声字，"攴"做边旁，"娄"做声旁。"数"，计算，最初人类要通过掰手指来算数，所以"数"含偏旁"攵"。

救，形声字，"攴"做边旁，"求"做声旁。"救"，出手阻止。

数　　救

败，会意字，字形采用"攴、贝"会义。"攴"，手；"贝"，古代货币。"败""贼"两字同义，都采用"贝"做边旁会义，表示出手毁坏。

畋

畋，会义字，由"攴、田"会义而成。"攴"，手；"田"，猎田。"畋"，围猎的场所。

"彐"

彐，在篆书中写作"又"，是其变形。"又"是右手掌和前臂的象形，泛指手。

帚，字形采用"又、巾、冂"会义，表示一人手持布巾在门内打扫。"帚"，扫除垃圾。

妇，繁体字"婦"，字形采用"女、帚"会义，表示女人持帚在家洒扫。

彐 　帚 　妇

聿，形声字，"聿"做边旁，"一"做声旁。"聿"是书写工具，楚国称之为"聿"，吴国称之为"不律"，燕国称之为"弗"。书写工具肯定要用手执，加上"竹"就是"筆"（笔）。

书，繁体字"書"，形声字，"聿"做边旁，"者"做声旁。"聿"，书写工具，这里做动词，用笔写。"书"，把文字刻画或写画在竹简上。

聿 　書

尹，会意字，字形采用"彐、丿"会义。"彐"就是"又"，即手；"丿"为事。"尹"，握事者，治理，表示一手掌握万千事务。

尹 　尹（古文）

丑，会意字，字形采用"彐、丨"会义。"彐"就是"又"，即手，表示动手劳作。"丑"，旧历十二月，阴气达到极限，阳气升，万物开始萌动，人类也要开始动手耕作了。"丑"，相当于扭动，用事。

雪，形声字，"雨"做边旁，"彗"做声旁。"雪"，由雨水凝结而成、从天上飘落至人间的美丽冰晶。

丑　　　雪

寻，会意字，字形采用"彐、寸"会义。"彐"就是"又"，即手；"寸"为"ナ"，也是手。"寸"上一点表示中医把脉的寸口处，寸口处离手腕一寸左右，距离很短，引申为时间短暂。如陶渊明《桃花源记》："南阳刘子骥，高尚士也，闻之，欣然规往。未果，寻病终，后遂无问津者。"

虐，会意字，字形采用"虍"和"彐"的反身会义。"虍"，老虎；"彐"，手，覆手曰爪，这里指虎爪。"虐"，虎豹残杀猎物。

秉，会意字，字形采用"彐、禾"会义。"彐"就是"又"，即手；"禾"，禾苗庄稼。"秉"，手持着一束禾。

慧，形声字，"心"做边旁，"彗"做声旁。"彗"字亦可释其义。"彗"，上部形似两把扫帚；下部的"彐"就是"又"，即手。手拿扫帚打扫自己的心灵的人，就是智慧明达之人。"慧"，心性明悟。

秉　　　慧

录，会意字，字形采用"彐、水"会义。"彐"就是"又"，即手。"录"，本义是汲水、打水。

灵，会意字，字形采用"彐、火"会义。"彐"就是"又"，即手。手碰到火，被火一烫，马上弹开，反应灵敏。

"扌"

"扌"，"手"的变形之一。

举，异体字"擧"，形声字，"手"做边旁，"與"做声旁。"举"，两手相对，同时举起。简体字"举"下半部分的偏旁"キ"就是"手"的变形。

举 　　手 　　奉

奉，形声字，"手、廾"做边旁，"丰"做声旁。"奉"，敬承。"奉"下半部分的偏旁"キ"就是"手"的变形。

"廾"

廾，左右两只手，表示双手持、捧东西。偏旁"廾"一般放在字的下部做底，如"弃""弄""彝"等；也有放在中间的，如"戒"等；还有放在两边的。

弄，会意字，字形采用"王、廾"会义。"王"是"玉"，"廾"是左右两只手。"弄"，从"廾"持"玉"，表示双手持玉。"弄"的本义是赏玩玉石。

弄 　　弃 　　弃（古文）

弃，会意字，字形采用"云、苹、廾"会义。"云"，是倒过来的"子"；"苹"，箕筐；"廾"，左右两只手。"弃"，本义是双手抱着装有婴儿的箕筐，将其丢弃。

彝，形声字，以"糸"做边旁，表示纺织的盛器，也以"廾"做边旁，表示双手持器盛米；以"彑"做声旁。"彝"的本义是庙堂常备的祭器。其字形与"爵"相似。

彝 　　戒

戒，会意字，字形采用"廾、戈"会义。"廾"是左右两只手。

"戒","从""廾"持"戈",表示双手持戈。"戒"的本义是保持警惕,做好战斗准备。

一、廾的变形之一——大

部分汉字中的偏旁"大"表示左右两只手,如"樊""攀""奉""奏""泰"等。

樊,会意字,字形采用"乂、棥"会义,"棥"也做声旁。"樊",被羁绊而不能行走。

篡,形声字,"厶"做边旁,"算"做声旁。"厶"就是"私",奸诈的阴谋。"篡"的本义是忤逆犯上夺取。

奉,形声字,"手、廾"做边旁,"丯"做声旁。"奉",敬承。"奉"中间的"大"就是"廾"的变形。

樊 　　篡 　　奉

奏,会意字,字形采用"屮、廾、夲（本）"会义。"屮",草木初生,比喻上进;"廾",举着双手。"奏",上进。

泰,字形采用"廾、水"做边旁,"大"做声旁。"廾、水",表双手不离水,水资源丰富。"泰",润滑。"夳"是"泰"的异体字。

奏 　　泰 　　夳

二、廾的变形之二——六

"六"是"廾"的变形之一。

共,会意字,字形采用"廿、廾"会义。《说文解字》引段玉裁注:"廿"、二十并也,二十人皆竦手是为同也;"廾",表示双手持、捧东西。"共"下半部分的"六"是"廾"的变形写法。

共 　　共（古文）

具，会意字，字形采用"廾"和有所省略的"貝"会义。"廾"，左右两只手；"貝"，财货的象征。"具"，多人一起抬举。"具"下半部分的"六"是"廾"的变形。

兴，会意字，字形采用"舁、同"会义。"舁"，四只手（众人）共举；"同"，表示大家齐心协力。众人合力举起就是"兴"。"兴"下半部分的"六"是"廾"的变形，代表左右两只手。

与，繁体字"與"，会意字，字形采用"舁、与"会义。"舁"，四只手（众人）共举；"与"，赐予。"與"，大家一起出力赐予、给予。"與"下半部分的"六"是"廾"的变形，代表左右两只手。

具　　兴　　与

兵，会意字，字形采用"廾、斤"会义。"廾"，双手；"斤"，斧头。"兵"，像双手持斧，使劲的样子。"兵"的本义是军用器械（武器）。"兵"下半部分的"六"是"廾"的变形。

与（古文）　　兵　　兵（古文）

三、廾的变形之三——把两只手的构件分别放在字的左右两边

丞，会意字，字形采用"山、廾、卪"会义。"山"，高，表示奉承；"廾"，左右两只手；"卪"和"山"为"卩"，高山之节，山高之义。"丞"的金文和甲骨文形似左右两只手把人从深坑里拉出来，相当于"拯救"。"丞"的本义是辅佐。"丞相"就是古代辅助君主治理国家的大臣。

丞　　承

承，会意字，字形采用"手、卪、収"会义。"承"，敬奉礼物授予，也表示恭敬地领受。

"水""永"两字的两边并非"手"的变形。

万化之人

——汉字中的人

人是能制造工具改造自然、使用语言沟通交流的高等动物，是地球上有史以来最具智慧的生物。《礼记·礼运》："故人者，其天地之德，阴阳之交，鬼神之会，五行之秀气也……故人者，天地之心也，五行之端也，食味，别声，被色，而生者也。"而汉字中的"人"是最重要的偏旁之一，其变形写法有十余种，主要包括"匕""夂""亻""卜""儿""大""亠""宀"等。

普通之人——"人"

"人"是一个撑开双腿站立的人的形象，也形似屋顶侧面剪影。当其处于字的上部时，一般就写作"人"，如"伞""命""合""拿""企"等。

亼（jí），三面合围，形似屋顶两面相接。"亼"，表示房屋。房屋可遮风、挡雨、蔽日，是人员集中之所，因此，"亼"的引申义为集中、聚集。

余，会意字，字形由"亼、木"会义而成。"亼"表示房屋，"木"表示树木。"余"的本义是搭在大树上的简陋的茅草房。"余"也可作为形声字，以"八"做边旁，以省略了"口"的"舍"做声旁，是表示语气舒缓的助词。

余　舍

舍，会意字，字形采用"亼、中、口"会义而成。"亼"，人员集中之所;"中",形似从下往上看时房屋的剪影;"口",像版筑(垒墙的工具)的形状。《周礼·地官》:"凡国野之道,十里有庐,庐有饮食;三十里有宿,宿有路室,路室有委;五十里有市,市有候馆,候馆有积。"在古代,一市之间有三庐一宿,那些馆、庐、宿即市居。市居不是买卖的场所,而是旅客止步休息、集结住宿之地,称作"舍",相当于现在的酒店、宾馆。

令,会意字,字形采用"亼、卩"会义。"亼",集中起来;"卩",节制。"令",发信号指使人。

会,繁体字为"會",会意字,字形采用"亼"和省略了两点的"曾"会义。"亼",集中;"曾",增益。"会"的本义是集合。"会合""会集"均出自此义。

俞,会意字,字形采用"亼、舟、刂"会义。"月","舟"的变形。"刂",就是水。"俞"的本义是把大木头掏空做成小船。"亼"可作为房屋、顶盖理解,舟倒过来就像"亼";也可作为"集中"来理解,木头掏空后可集中存放物品等。

令　会　俞

仑,繁体字为"侖",会意字,字形采用"亼、册"会义。"亼",聚集、集中;"册",古代用竹片、木片制成的简牍、书册。聚集简册必依其次第,求其文理。凡人之思必依其理,"理"就是"思"。"仑"本义是理,循序推理。

食,形声字,"皀"做边旁,"亼"做声旁。也有人认为,"食"是会意字,字形采用"亼、皀"会义。"亼"表示聚集、集中;"皀"就是"宫"(香),指谷的馨香,集众米而成"食"。"食",本义是一粒米,引申为供人口腹的食物。

仑　食　仓

仓,繁体字"倉",会意字,字形采用有所省略的"食"和"口"会义。"口",形似粮仓,是收藏稻谷的粮库。人们通常在稻谷成熟之时将它们收割入库，因此称粮库为"仓"。

个，其含义与人无关。"竹"字由两个"个"组成，所以"个"就是半个竹。一竹两分，并则为"竹"，单则为"个"。"竹"像林立之形，一茎就是一"个"。"个"的本义是单枚的竹楔。

竹　个

伞，象形字，上半部分的"人"形似顶盖，是挡雨或遮阳的用具，可张可收。

仚（xiān），是"仙"的异体字，字形采用"人、山"会义，"山"也兼做声旁。"人""山"两字可组合成"仚""仙""屳"（yín）等字形。"仚"，人在山上，入山长生。中国道家主张隐居深山，道观也大多建在深山当中，以求得道成仙，长生不老。

企，形声字，"人"做边旁，"止"做声旁。"止"，脚。"人"在"止"上，"企"的本义是踮着脚张望。"企"的古文采用"足"做边旁。

仚　企　企（古文）

欠，字形像气从人上面散发，本义是张口打呵欠。"人"在字的底部时，大多变形为"儿"。

戍，会意字，字形采用"人、戈"会义。"戈"是古代的一种兵器。"戍"，守卒持戈守卫边境。

欠　戍

正面之人——"大"

撑开双腿、平举双手，头和四肢齐全的正面象形的人就是"大"。

大，字形像张开双臂、双腿的正面站立的人，本义是顶天立地的成年人。天大地大人亦大，故"大"像人形。汉字中很多含有偏旁"大"的字都与"人"有关。

天，字形是"大"上加"一"。"大"，是正面站立的人，上面的"一"表示天穹。"天"就是巅、头顶，至高无上。

大 　　　天

夷，会意字，字形采用"大、弓"会义。"大"，像站立的人；"弓"，东方部落擅长使用的一种武器。"夷"，"人"背着"弓"站立，本义为平定，又指东方部族，是古代中国（中原）对居住在东边少数民族的称呼。南方蛮闽从虫，北方狄从犬，东方貉从豸，西方羌从羊，西南僰人、焦侥从人。

央，会意字，字形采用"大、冂"会义。"大"，即正面站立的"人"。人在冂内，正居其中，"央"的本义就是中央。另一种说法认为，"央"是久的意思。

夷 　　　央

夹，会意字，字形采用"大"和两个"人"会义。"大"，正面站立的人。"夹"，字形表示一个人被两人从左右两边挟持。

赤，会意字，字形采用"大、火"会义。"赤"，本义是火刑，用大火处决罪人。执行火刑为"赤"，将死囚从火刑中放生为"赦"。"赤"古文字形采用"炎、土"会义。

夹 　　　赤 　　　烾（古文）

侧面之人——"𠆢"

籀文、篆书中的"人"，都是侧面、脸朝左之人的象形。细看籀文

中"人"之一字，形似垂着手臂、弯着腰、挺着腿胫的侧面象形的人；"比"是紧挨着的侧身向右的两个人的象形。

人 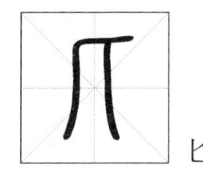　　匕

匕，"人"的反身。"匕"主要有两种解释：一种认为是用来盛饭的匙；一种认为是足（篆书"鸟"字的左下部就是"匕"，代指鸟足），于是两足并拢就是"比"。所以，"比"的本义是靠着、挨着。

比，相从密切。两"人"相随构成"从"字，反写"从"字遂成"比"，也是采用两个侧面象形的"人"（面朝右）来会义。"比"的基本义是紧紧挨着、靠着，如"比翼双飞""比肩继踵""天涯若比邻""小人比而不周""比时""比比皆是"之"比"。

从，字形采用两个侧面的"人"（面朝左）来会义。异体字为"從"，听从、采纳，相跟随。

北，字形采用二"人"相背来会义，意思是违背，同"背"，引申义为北方。

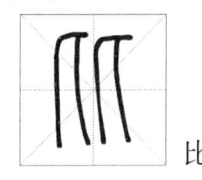

比 　　从 　　北

左立之人——"亻"

"人"位于字的左半部分时一般写作"亻"，即"立人旁"。带有偏旁"亻"的常用字有"仔""仆""体""住""做""作""保""使""供""佩""依""侯""俗""偷""传""伯""仙""傻"等。

攸，会意字，字形采用"人、攴"会义，水省。"亻"，人；"攴"，入水的手杖。"攸"的本义是老人拄杖慢行，或是拄着拐杖小心地过河。"攸"的小篆从"水"。

攸 　　攸（小篆） 　　修

伐，会意字，字形采用"人、戈"会义。"戈"，古代的一种兵器。"伐"，表示以戈伐人，击杀。"讨伐""攻伐"均有此义。另一种说法认为，"伐"是毁坏的意思。

体，繁体字"體"，形声字，"骨"做边旁，"豊"做声旁。"體"，总括人身十二部分。人身分为头、身、手、足四大部分，每部分又由三小部分构成。头部有顶、面、颐，身子有肩、脊、臀，手部有肱、臂、手，足部有股、胫、足。

伐　体

休，会意字，字形采用"人、木"会义，表示人倚着树木憩息。"休"，歇息，停止。"庥"是"休"的异体字，"广"做边旁。

儒，形声字，"人"做边旁，"需"做声旁。"儒"，表示柔弱，也是对术士的称呼。

休　儒

侵，会意字，字形采用"人、又、帚"会义。"又"，表示手。其字形像人手持扫帚，边扫边前移。"侵"的本义是渐进。

偶，形声字，"人"做边旁，"禺"做声旁。"偶"的本义是桐木雕的人像，俗称"木偶"。

侵　偶

保，会意字，字形采用"人"和省略了"爪"的"㝈"会义。"㝈"，形似小孩，圆圆的头、张开手臂，后来写作"子"。"㝈"在不省略"爪"的情况下就是"孚"。"爫"是"手"，所以"孚"表示手抱小孩，意为抚养小孩。"俘"字省略右上部的"爫"，把"子"变形为古体字中的小孩形象，就是"保"字。"保"的本义是养护幼儿。

保 　　　　　　　　保（小篆）

何，形声字，"人"做边旁，"可"做声旁。其甲骨文字形像人扛着戈。何的本义是担、挑。

侯，会意字，字形采用"人、厂、矢"会义。"厂"，用三十六丈的布围成山崖的形状。投射后的矢集中在厂下。"侯"是古代帝王带领三公大夫在春天进行投射的一种具有象征性的仪式：用布围成山崖状，下面放置一些壶或者桶，壶分别用虎、豹、熊、野猪、麋鹿等动物的皮包裹着（或在壶外壁上雕刻这些动物），然后大家站在指定位置，将箭矢投进（或射进）相应的壶中。

何 　　　　　　　　侯

佩，会意字，字形采用"人、凡、巾"会义。"巾"，配饰中的一种。"佩"，宽大衣带上的饰物，以巾系之。

传，繁体字"傳"，形声字，"人"做边旁，"專"做声旁。"传"，以驿站转递文件。"传"，遽也；"遽"，傳也。"遽""传"二字互为转注。

佩 　　　　　　　　传

傅，形声字，"人"做边旁，"尃"做声旁。"尃"与"專"字形相近。"傅"，帮助、辅佐。古假为"敷"字。

付，会意字，字形采用"人、寸"会义。"寸"是手，表示手上操持某物。"付"，交给，把某物给予某人。

傅 　　　　　　　　付

中立之人——"亻"

"众",会意字,字形采用三"人"会义,表示人多。"众"的异体字之一——"仦",三"人"从左往右依次排列。其中,第一个和第二个"人"都是以立人的姿态呈现的,只有第三个"人"不变形。第一个"人"可称作"左立人",第二个夹在中间的"人"可称作"中立人"。"众"的异体字之二——"眾",会意字,字形采用"目、乑"会义,"目"字横卧变形,"眾"下半部分——中间一个"立人",左右各一个"人",后来变形为"乑"。"众"的异体字之三——"裒",和"聚"等字下部直接写作"乑"。

"千",会意字,字形采用"十、人"会义;也有说是形声字,"十"为边旁,"人"为声旁。"千",量词。简体字"千"的字形是在"亻"中间加一横。

"壬",会意字,字形采用"人、土"会义,"人"在"土"上意为厚重。"壬"字的"人"变形为中立之人——"亻"。

众　　千

右立之人——"卜"

当偏旁"人"位于字的右半部分时,为了使整体字形和谐美观,故将"人"立身变形写作"卜",如"卧""訃"等字。

卧,异体字"臥"。臥,会意字,字形采用"人、臣"会义。"人臣"就是朝中大臣,朝中大臣在参见帝王时要弯腰或伏地叩拜。"臥"就是以大臣的叩拜造型为造字依据,像屈服之形,本义是躺下来休息。简体字"卧",则是把正常的"人"字立起身来,变形为"卜"。

汉字当中存在很多偏旁相同而偏旁所处位置不同的异体字,如"词—詞""够—夠""李—杍""峰—峯""皆—眥""群—羣"等。

信,旧时写作"訫"。"信",会意字,字形由"人、言"会义而成。"人言则无不信者",人无信则不立,即人要做到一诺千金。"信"的本义是诚实无欺。"訃"也是会意字,字形由"人、言"会义而成,只是左右结构互换,并把"人"立身变形为"卜"。"伩"也是"信"的旧时写法,由"人"和省略了上部的"言"组成。"訫",亦是"信"的旧体。

咎,会意字,字形采用"人、各"会义。"各"又由"夂、口"会义而成。"夂",腿脚,这里指行动、实践。各人按照自己的理解、标准去实践,各行其是。"口",言辞,这里指思想指导和理论。各人依照自己的想法、要求去做理论宣传,各有各的说法。一个团队,没有统一的理论指导,没有共同的奋斗目标,没有强大的凝聚力,思想认识不统一,行为方向不一致,甚至相违背,各说各法、各行其是,这样的团队、这样的集体,混乱而灾祸不断。"咎",本义是灾祸。"咎"字中的"人"立身变形为"卜"。"引咎辞职""归咎"中的"咎"都是罪过、过错的意思。

卧　　信　　咎

底部之人——"儿"

"人"在汉字中做底的时候,经常变形为"儿",如"元""兄""先""党""兜""克""竟""竞"等。

兀,字形是"儿"上加"一"。"儿"就是"人","一"表示平整;"一"在"人"上,表示高且平整。"兀"的本义是物体高而上部平坦。

元,字形是"兀"上加"一"。"兀"上的"一"表示人首,万事从头起。"元"的本义就是起始,属于会意字。

兀　　元　　光

光,会意字,字形采用"火、儿"会义,像火把在人的上方。"光",光明、明亮的意思。

凶，异体字"兇"，会意字，字形采用"凶、儿（人）"会义。"兇"，骚扰引起恐惧、害怕。另外一种说法是，"凶"指"用火焚烧人头的刑罚"。

凶　允　充

允，一说是形声字，字形采用"儿"做边旁，"㠯"做声旁。"允"，诚信。"公允""允诺""允正"等词均出自此义。一说是会意字，字形采用"㠯、儿"会义。"㠯"，任用。任用忠贞不贰的贤能之人就是"允"。

充，上部的"亠"指代人的头部，本义是生长、长高。按清代陈昌治刻本《说文解字》的解释，"充"，形声字，"儿"做边旁，省略了"月"的"育"做声旁。

竟，会意字，字形采用"音、儿（人）"会义。乐曲终止叫作"竟"，引申为事物完结，又引申为土地边界，即疆界。后来在"竟"的左边添上"提土旁"，明确表示疆界、边界，这就是"境"的本义，如国境、边境等。"境"又由"疆界"引申出地方、区域之义，如仙境、人境等。"境"也可以表示事物达到一定程度，如佳境。"境"还可以表示状况，如处境、困境、窘境等。

见，繁体字"見"，会意字，字形采用"目、儿"会义，表用目之人。"见"，视、看。

先，会意字，字形采用"止（之）、儿"会义。"止"之字形，描摹的是人脚，脚的功能是行走，因此，"止"在合体字中充当表义成分时一般表示行进。"止"在"人"上是为"先"，本义是前进。

竟　见　先

秃，会意字，上部形似禾粟，下部是"人"的变形。"秃"，本义是没有头发。"禾"，初栽种时苗木稀疏，只见土地、难见禾苗，像人头发稀疏的样子。据说仓颉造字，外出之时刚好看见一个头秃之人伏在禾中劳动，因此造出"秃"字。

羌，会意字，字形采用"人、羊"会义。"羌"，西戎部落的牧羊人。

羌

羌

头上之人——"亠"

文，会意字，字形采用"人、乂"会义。"人"，为天穹天齐；"乂"，为天地交午。"文"的本义是交错的笔画，像交叉的纹理。文明始于天文历法，仰观天象，俯察地理，远取诸物，近取诸身，象形、指事、会意、形声、转注、假借而有文字，因文字而天下事理彰明，即"文明"。

文

交，字形构成如下："亠"指人的头部，"八"像人的左右手，"乂"像两条腿交叉的样子。"头"是人身的最高点。按清代陈昌治刻本《说文解字》的解释，"交"，会意字，字形采用"大、乂"会义。"大"，人；"乂"，像两腿交叉的样子。"交"，人交叉小腿而立。

交

要，形声字，以"臼"为边旁，以省略了两点的"交"做声旁。"臼"，左右两只手。"要"字形似两手叉腰、正向站立的人。

要

要（古文）

亦，象形字，字形像一个人垂挂着双臂。"大"是人，"八"表示双臂。"亦"的本义是人的腋窝或两肋，俗称"腋下""胳"。因此，衣服在腋下的缝合处叫作"袼"。

立，字形是"大"下面加"一"。"大"就是两腿撑开、双臂平举的人，下面的"一"代表大地。"立"的本义是站住。

亦 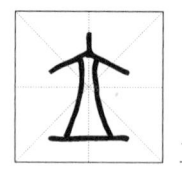　　　　　　　立 　　　　　　　竝

并，异体字"竝"，字形由左右并排的两个"立"构成。"竝"则表示两个人并排站立。后来把左右并排的两个"立"简化变形为"並"，即"竝"上两点不变，上部的两横和底部的两横分别合并成一横，中间四点变形为两点、两竖。之后，"並"进一步简化为"并"。

亢，上部的"亠"指人的头部（"大"字省略了下部的撇捺），下部的"几"像脖子两边的动脉。"亢"的本义是人的颈部，引申义为高。高亢、不卑不亢等词均出自此义。

亢

"变""恋""栾""鸾""弯""銮""孪""挛"等字的上部不是"亦"，而是"䜌"的简化。

高危之人——"⺈"

偏旁"⺈"一般居于字的顶部，高危之人在崖上，是"人"的变形。日常所说的"色字头上一把刀"，让我们误认为"⺈"是"刀"的变形。"龟""兔""象"等字上部的"⺈"都是动物头的象形。

危，会意字，字形采用"厃、卩"会义。"厃"，表示人在崖上；"卩"，节制，制止。"危"，人在高处而恐惧，引申为可怖、害怕。

负，会意字，字形采用"人、贝"会义。"贝"，钱财。"负"，字形像一人持守钱贝、有所依仗的样子，意思是自恃。一种说法认为，"负"是取货而不付钱。

危 　　　　　　　负 　　　　　　　詹

詹，会意字，字形采用"人、穴、言"会义。"人"，警哨；"穴"，岩穴；"言"，预言、警告。"詹"的本义是哨兵站在岩穴之上，远眺、预警。当"詹"的远眺、预警之意消失后，人们另造一字"瞻"来代替。《说文解字》解释道：詹，字形采用"厃、八、言"会义。"厃"，

高，这里指多；"八"，就是分，言多故可分也。"詹"的本义就是话多，唠唠叨叨。

色，会意字，字形采用"人、卪"会义。"色"，脸色、气色。《说文解字》："颜气也。人之忧、喜，皆著于颜，故谓色为颜气。"

色 　　　　　色（小篆） 　　　　奂

夐（xuàn），会意字，字形采用"人、穴、夏"会义，举目人在穴上，人看到隔穴（对面）的东西，想要取到它。"夐"，营求。

奂，会意字，字形采用"廾"和有所省略的"夐"会义。"奂"，换取。一种说法认为，"奂"是"大"的意思。

急，形声字，"心"做边旁，"及"做声旁。其篆书字形的上部是"及"而非"刍"。

弓身之人——"亚"

亚，繁体字"亞"，象形字，像两个人面对面地弓着背。"亚"的本义是丑态，与"恶"同义，有过错、遭人憎就是"恶"。贾逵以为"亚"表示次第顺序。"亚"上部的一横表示两个人的头部，下部的一横表示地面。"並"表示两个人一起站立着，而"亚"字描画的两人弓着身子，所以须把头部拉低，也就是将"並"上部的两点与其下一横重叠。"亚"在"哑""娅""垭""桠"等形声字中做声旁。

亚

俯卧之人——"𠂉"

"人"，立起身来就是"亻"，卧下就是"𠂉"。"㫃"，象形字，像旗帜飘扬的样子。当"㫃"做合体字的偏旁时，右部的"人"一般会变形成"𠂉"，如"旗""旖""旋""旃""旌""施""旄""族""旅""旋"等。

旗，形声字，"㫃"做边旁，"其"做声旁。"旗"的本义是绘有龙纹、熊虎图案的旗帜，后泛指旗帜。

旌，形声字，"㫃"做边旁，"生"做声旁。"旌"的本义是用羽毛或牦牛尾装饰的旗帜，后泛指旗帜，又引申为表彰。

㫃 　　　旗 　　　旌

族，会意字，字形采用"㫃、矢"会义。"㫃"，军中飘扬的旌旗，大多有号令士兵跟从的功用；"矢"，弓矢，成扎成捆地堆放在一起。"族"，聚在一起，有众多之意。矢头又叫"镞"，矢杆又叫"簇"。有一定血缘关系的人生活在一起，谓之一族。扩散而出是为民族。

旋，会意字，字形采用"㫃、疋"会义。"㫃"，旗帜；"疋"，脚。两偏旁合译为：人在旗帜下，随着指挥的旗帜旋转，相跟从。徐锴曰："人足随旌旗以周旋也。"

族 　　　旋 　　　临

临，繁体字"臨"，形声字，"臥"做边旁，"品"做声旁。"临"，向下看、俯视。

"每""朱""生""制"等字的上部不是"人"的变形，而是"屮"的变形。

半竹之人——"𠂉"

监，繁体字"監"，形声字，"臥"做边旁，省略了"臼"的"䧞"做声旁。偏旁"臥"右部的"人"变形为"𠂉"。"监"，俯视。

监 　　　览

览，繁体字"覽"，字形采用"见、監"会义，"監"也做声旁。"览"，观看。其右上部的"𠂉"由偏旁"臥"右部的"人"变形而来。

鉴，形声字，"金"做边旁，"监"做声旁。"鉴"，本义是古代用来盛水或冰的青铜大盆。人们根据它可以照见人形的特点，发明制造了铜镜。"鉴"，做名词的解释为镜子，做动词时解释为照镜子，引申为可以使人警惕或作为教训的事情。徐灏说："鉴，古祇作坚，从皿以盛水也。其后范铜为之，而用以照形者，亦谓之鉴，声转为镜。""鉴"右上部的"ˊˋ"由偏旁"臥"右部的"人"变形而来。

叠身之人

关于"人"的偏旁主要有"人""大""儿""匕""亻""卜""亠""勹""冖"等，两"人"可以组成"从""比""北""丘""亚"等字，三"人"则可组成"众""伙"等字。

倒立之人

如"育""充""弃"等字，详见本书 12 页"倒立变形的汉字"部分。

足行千里

——汉字中的足

千里之行始于足下，偏旁"足"在汉字中占有重要地位。"足"最初为"止"，"止"是脚的象形，做偏旁时可以表示和脚有关的事物。

"止"旁

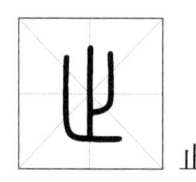

止 　　足 　　定

止，象形字，像草木生于地表，底部的一横表示草木的根基。所以，古人用"止"表示"足"。

足，会意字，字形采用"止、口"会义，"口"表示人，"止"在"口"下即表示人的下身，也就是下肢。"足"下部的"止"之一竖、一横分别变形为一撇、一捺。

定，会意字，上部是"宀"，下部为"正"，字形采用"宀、正"会义。"宀"，房子；"正"，下部"止"的一竖、一横分别变形为一撇、一捺，在这里解释为地基稳固。"定"的本义是安稳。

企，形声字，"人"做边旁，"止"做声旁。"止"就是脚。"企"的本义是踮起脚尖。"企望"就是踮起脚尖望，极度盼望。"企"的异体字"跂"，字形采用"足"做边旁。

此，会意字，字形采用"止、匕"会义。匕，表示相并列。"此"，脚趾踩着的地方。

企　　跂（企，古文） 　　此

步，会意字，字形由"止、少"会义而成。"止"，基础，表示"足"；"少"是"止"的相背（反身）。"步"的本义是迈开脚慢慢行走。我们把行走过程中左右脚的前后距离叫作一步。

止　　　　　少　　　　　步

岁，繁体字"歲"，形声字，"步"为形旁，"戌"为声旁。"步"，走过、越过。关于其本义，说法不一。一说指岁星（木星），一说指割。"岁"在古代有木星的含义。古人认识到木星约十二年运行一周天，其轨道与黄道相近，因而将周天分为十二等分，称十二星次。古人根据木星在哪个星次来纪年，所以，"岁"有"年、年龄"的含义。在字形上，把"步"字上下拆开，然后将"步"下半部分的反"止"——少，移到"戌"的里面，由此构成"岁"之繁体。

疑，形声字，"子、止、匕"做边旁，"矢"做声旁。徐锴曰："'止'，不通也；'矣'，古'矢'字，反'匕'之；幼子多惑也。""疑"，迷惑而不知所从。

岁　　　　　疑

"夂"旁

夂，是"止"的变形写法，象形字，像人的两条腿在行走时有所拖沓的样子。"夂"，走得慢，脚步拖沓。

处，异体字"処"，会意字，字形采用"夂、几"会义。"夂"，表示行走；"几"，凳子。"处"的本义是停下来歇息。

夂

冬，会意字，字形采用"夂、夂"会义。"夂"是"终"字的古文，走到尽头。"冬"的古体字采用"日"做边旁。"冬"，一年中最后一个时令。

冬　　　　　　冬（古文）

各，会意字，字形采用"口、夂"会义。"夂"，腿脚；"口"，言辞。两偏旁合译为：有人要行进，有人要阻止，两两不相听从，各说各的，各行各的。"各"，表示不同个体的词。

夆，形声字，"夂"做边旁，"半"做声旁。"夂"，腿脚，指走路。"夆"，相遇。

各　　　　　　夆

爰，繁体字"愛"，形声字，"夂"做边旁，"悉悉"做声旁。"夂"，腿、脚步。"爰"，行走的样子。

复，繁体字"復"，形声字，"彳"做边旁，"复"做声旁。"复"，往来、返回。其实，"复"字的下半部分是"夂"，就是足，跟行走有关，表示往来。

爰　　　　复　　　　夏

夏，字形采用"頁、臼、夂"会义。"頁"（页），人首（头）；"臼"，双手；"夂"，双足。"夏"字是一个由头、手、脚正向组成的字，头、手、脚俱全，代指正派正统的人。"夏"的本义是中原之国的人，区别于北方狄、东北貉、南方蛮闽、西方羌、西南焦侥、东方夷也。"夏"的引申义是"大"。"大"字也是一个人的形状。

舛，会意字，字形采用"夂、牛"会义。"夂"，象形字，"止"的变形，就是脚；"牛"是"夂"的反身。"牛"和"夂"就是左右脚。"舛"的本义是人与人相对卧着休息，或者脚与脚相抵而卧。

燊，上部的"米"原为"炎"，下部的"舛"就是左右脚。"燊"，会走的火，即现在人们常说的磷火、鬼火。以"燊"为声旁的汉字主要有"麟""磷""鳞""璘""鄰""䲘""嶙""遴"等。

舞，形声字，"舛"做边旁，"無"做声旁。"舛"，两足相背，表示众人一起踢踏跳跃。"舞"，快乐地活动手足。"舞"的古文，形声字，字形采用"羽、亡"会义，表示头戴羽饰，跳祭祀舞蹈，悼念亡灵。

舛　䂙　舞

降，形声字，"阜"做边旁，"夅"做声旁。"降"，表示从坡上一步步走下来。

韦，繁体字"韋"，形声字，"舛"做边旁，"口"做声旁。"舛"，左右相背的两条腿。"韦"的本义是相违背。"韦"，现在一般用作姓氏，或指兽皮（多为牛皮），但此用法不常见。作为兽皮之义的"韦"（韋），其本字应为"围"（圍），兽皮可以作为束带，把那些杂乱、弯曲、相违背的树枝等围绕捆绑起来。"韋"是"圍"的假借字，时间长了，"韋"字得到通用，而本字"圍"却慢慢被弃用了。"韋"在字形上，将"舛"由左右结构移位变形为上下结构。

降 　舛 　韦

"癶"旁

两个"止"位于字的上部并分列左右时，便变形成偏旁"癶"。

登，字形采用"癶、豆"会义。"登"的本义是升、自下而上。其甲骨文字形像双手捧着盛放食物的器具向神灵进献，这种进献是为了祈祷丰收。"登"，引申义为谷物成熟。籀文写法的"登"字，字形采用"収"做边旁。以"登"为声旁的字有"凳""瞪""蹬""磴""澄""噔""镫"等。

登　　　　登（籀文）　　　　癹

癹（bá），会意字，字形采用"癶、殳"会义。"癶"，脚踏足踩以夷平；殳，是省略了"杀"的"殺"字。"癹"，本义是用足踩踏草木。"癹"的异体字有"発""踅"。以"癹"为声旁的字有"發"（发）。

"走"旁

走，会意字，字形采用"夭、止"会义。"夭"，弯曲；"止"，足，表示人在小跑时必须收腹、弯腰、屈背。"走"的本义是奔跑，而非步行、行走。"走"下部的"止"的一竖、一横分别变形为一撇、一捺。

赶，形声字，"走"做边旁，"干"做声旁。"赶"，兽、畜翘着尾巴奔跑。

走　　　　赶

赴，形声字，"走"做边旁，省略了"人"的"仆"做声旁。"赴"，跑过去。

趋，形声字，"走"做边旁，"刍"做声旁。"趋"，小跑。

赴　　　　趋

越，形声字，"走"做边旁，"戉"做声旁。"越"，度过。
超，形声字，"走"做边旁，"召"做声旁。"超"，跳跃。

越　　　　超

"足"旁

从"足"的字大多是形声字,如"趾""踵""跟""跳""跃""跑""趺""跪""踩""踏""踢""践""跺""蹈"等,且皆与脚部动作有关。

蹄,本义是牛、羊、马、猪等动物脚趾端的角质物,也指具有这种角质物的动物的脚。

距,形声字,"足"做边旁,"巨"做声旁。"距",本义是鸡腿后面突出的像脚趾的部分。

踵,形声字,"足"做边旁,"重"做声旁。"踵",脚后跟。

距　　踵

路,形声字,"足"做边旁,"各"做声旁。《说文解字》认为"路"是会义字,字形采用"足、各"会义。"路",本义是道路、大道,因为道路与脚关系密切,所以从"足"。

跛,形声字,"足"做边旁,"皮"做声旁。"跛",即"行不正",也指脚偏瘫,因与脚有关,故从"足"。

路　　跛

跪,形声字,"足"做边旁,"危"做声旁。"跪",两膝着地,腰和股都伸直。

跃,形声字,"足"做边旁,"翟"做声旁。"跃",迅速跳起。

跪　　跃

践,形声字,"足"做边旁,"戋"做声旁。"践",踩踏、践踏。

蹈,形声字,"足"做边旁,"舀"做声旁。"蹈",践踏、踩踏。

践 　蹈

"辵"旁

辵（chuò），会意字，字形采用"彳、止"会义，可释作乍行乍止，也可解释为循道疾行也。隶书写作"辶"，或说"辵"与"辶"是异体字，和"足、龰、彳"三个偏旁相通相似。含有偏旁"辶"的字，意思明确，跟行走、道路有关，如"远""近""退""迩""通""途""巡""逻""迎""送""逃""逸""透""迤""迅""速""邂""逅""追""退""进""逝""返""迟""迁""连""边""迹""选""逢""遇""遁"等。

辵

随，繁体字"隨"，形声字，"辵"做边旁，"隋"做声旁。"辵"，走。"随"，跟从。"行可委曲从迹，谓之委随。"北周杨坚接受静帝禅位，史称隋文帝，改国号为"随"。杨坚觉得"随"字带有"辶"不吉利，遂创"隋"字作为国名。

随

遽，形声字，"辵"做边旁，"豦"做声旁。"遽"，驿车、驿马。另一种说法认为，"遽"，会意字，字形由"虍、豕、辵"会义而成，老虎追野猪，动作隐蔽突然，所以有窘急之意。

追，形声字，"辵"做边旁，"𠂤"做声旁。"追"，追逐。

遽 　追

逢，形声字，"辵"做边旁，省略了"山"的"峯"做声旁。"逢"，相遇。岑参《逢入京使》："马上相逢无纸笔，凭君传语报平安。"

逝，形声字，"辵"做边旁，"折"做声旁。"逝"，往，向……去。

逢　　　逝

选，繁体字"選"，会意字，字形采用"辵、巺"会义。"巺"，表示遣送使者，也做声旁。"选"，择遣使者。一种说法认为，"选"是"择"的意思。

透，形声字，"辵"做边旁，"秀"做声旁。"透"，跳跃、越过、穿透。

选　　　透

逸，会意字，字形采用"辵、兔"会义。野兔会在危急时刻装死蒙人，善于逃跑。"逸"，失踪、亡逸。

连，会意字，字形采用"辵、车"会义。"连"，战斗人员与战车相随。

逸　　　连　　　迟

迟，繁体字"遲"，形声字，"辵"做边旁，"犀"做声旁。"迟"，缓缓行进，行动迟缓。《诗经》："行道迟迟。"

迁，繁体字"遷"，形声字，"辵"做边旁，"䙴"做声旁。"迁"，向高处移动。

运，繁体字"運"，形声字，"辵"做边旁，"军"做声旁。"运"，徙迁转移。

迁　　　运

述，形声字，"辵"做边旁，"术"做声旁。"述"的本义是遵循、沿着。籀文"述"采用"秫"做声旁。

述　　　述（籀文）

迹，形声字，"辵"做边旁，"亦"做声旁。"迹"，步子踩过而留下印痕的地方。"蛛丝马迹""形迹可疑"等词语中的"迹"均含此义。"迹"的异体字"蹟"，字形采用"足、責"会义。籀文"迹"采用"朿"做声旁。

迹　　　蹟　　　迹（籀文）

以下带偏旁"辶"的字，一般解释为到、到达、经过等。

适：到达，如："子适卫"；"子将安适"。

造：到达、拜访，如："造访"；"登峰造极"；"必躬造左公第"。

逮：等到，如："逮奉圣朝，沐浴清化。"

迨：等到、到了，如："迨诸父异爨，内外多置小门墙，往往而是。"

逾：经过，如："东犬西吠，客逾庖而宴，鸡栖于厅。"

迫：逼近，如："若不敢来，公转营迫之。"

过：到，如："一日，大母过余曰：'吾儿，久不见若影，何竟日默默在此，大类女郎也？'"

"疋"旁

疋（shū），人的脚。其上部像小腿肚，下部是"止"之变形。古文中把"疋"用作《诗经·大雅》的"雅"字，或把"疋"用作"足"字。另一种说法认为，"疋"是"胥吏"的"胥"字。还有一种说法认为，"疋"是"记"的意思。后人改"疋"为"疏"。

疋

楚（zhì），会意字，字形采用"叀、冂、止"会义。"叀"，牵牛马的鼻子，要牛马行就行，要牛马停就停；"冂"，像"牵"字的中部结构，牵拉绳子，使牛马前进或停止；"止"，脚。"楚"，阻碍，使其停下脚步，相当于"制止"。

旋，会意字，字形采用"扒、疋"会义。"扒"，旗帜；"疋"，脚。两偏旁合译为：人在旗帜下，随着指挥的旗帜旋转，相跟从。徐锴曰："人足随旌旗以周旋也。"

㲋　　旋

"胥""楚"等字都是以"疋"为声旁的形声字。"疋"只表音，不参与词义。

胥，形声字，"肉"做边旁，"疋"做声旁。"胥"的本义是蟹酱。
楚，形声字，"林"做边旁，"疋"做声旁。"楚"，丛生的树木。

胥　　楚

"疑"，右下部形似"疋"，在篆书中写作"止"，故归入"止"部。

"𤴩"旁

"𤴩"是"疋"的变形。在简体字中，"疋"一般放在字的上部如"胥"，放在字的下部如"楚"，放在字的右下部如"旋"，皆不变形。"疋"放在字的左部或左下部时，就变形为"𤴩"，如"疏""疎""蔬"等字。

疏，会意字，字形采用"㐬、疋"会义。"疋"也做声旁。"㐬"，像河水一般流畅、通畅；"疋"，就是"止"，即足。"疏"的本义是"通"。《说文解字》疋部："㐬，通也。""疏"与"㐬"同音同义，都采用偏旁"疋"，"疋"就是"足"，表示通过，引申为疏导等。"疏"的异体字是"疎"。

疏

"彳"旁

一直以来，我们都称"彳"为"双人旁"，可"彳"并不意指"两个人"，而是与"行走"有关。"彳"是象形字，形如人的大腿（股）、小腿（胫）、脚（足）三部分相连。"彳"的本义是小步走。以"彳"为偏旁的字都与行走有关，如"得""街""衍""德""律""徙""徒""衔""待""徘""徊"等。但就因为"双人旁"之名，人们容易对以此为偏旁的常用字的字义产生误解，以为"彳"指的是两个人，"亻"（单人旁）指的是一个人。为了避免大家误解，本书称"彳"为"行走旁"，称"亻"为"立人旁"。

行，会意字，字形由"彳、亍"会义而成。"彳"，象形字，像人的大腿、小腿和足三部分相连的样子，本义是小步走。"亍"，"彳"的反身，本义是停下脚步。"彳"，小步也。"亍"，步止也。"行"的本义是"人之步趋也"。"步"，行也；"趋"，走也。即快走、慢走、小跑都属于行。《尔雅》："室中谓之时，堂上谓之行，堂下谓之步，门外谓之趋，中庭谓之走，大路谓之奔。"后来，"行"引申出巡行、行列、行事、德行等意思。"行"做名词时可解释为贯通四方的大道。

衍，会意字，字形采用"水、行"会义。"水"，河流、湖泊；"行"，四通八达。"衍"，本义是河川湖泊的水向四面八方漫流，或说河水朝圣般奔向大海。

衢，形声字，"行"做边旁，"瞿"做声旁。"行"，四通八达。"衢"，亦释作四通八达，如"通衢大道"。衢州之名便取自"四省通衢"之意。

衍 　　　　　　　衢 　　　　　　　術

术，繁体字"術"，形声字，"行"做边旁，"术"做声旁。"行"，四通八达的道路。"术"的本义是道路，后引申为技艺。

衡，形声字，"鱼"做边旁，"行"做声旁。"衡"的本义是秤。称秤时，秤杆横于前，所以"衡"又借作"横"用，如"合纵连衡"。车厢前的横木也叫作"衡"。《说文解字》释"衡"：字形采用"角、大"做边旁，用"行"做声旁。"衡"是牛角上的横木，因为有些牛脾性暴躁，喜欢用牛角抵触人或物，造成损失，所以人们在牛角上绑上横木，使之不能直接抵触到人或物。

衡 　　　　　　　衡（古文）

得，会意字，字形采用"彳、贝、寸"会义。《说文解字》认为"得"是形声字，"彳"做边旁，"导"做声旁。"得"，行有所得，远行探索而有所获。"得"的古文省略了"彳"。

德，形声字，"彳"做边旁，"惪"做声旁。"德"，升、登，境界因善行而升华。

得 　　　　　　　得（古文） 　　　　　　德

往，甲骨文和金文中的"往"字上"止"下"土"。"止"，就是脚。"往"，脚踩在土地上，表示从此地到彼地。篆文中的"往"字，左部是"彳"，右部上"之"下"土"。"彳"表示小步走；"之"即动词"到"，"之土"就是从此地到彼地。流沙河认为，"往"字从原来甲骨文、金文中的上"止"下"土"发展为篆文右部的上"之"下"土"，"之"与"止"之间不过讹变而已。

往 　　　往（古文）

征，会意字，字形采用"彳、正"会义。"正"也做声旁。"征"的本义是出师征战。

很，形声字，"彳"做边旁，"皀"做声旁。"很"是行进艰难的意思。一说"很"表示不听从。

循，形声字，"彳"做边旁，"盾"做声旁。"循"，顺路而行。

很 　　　循

役，会意字，字形采用"彳、殳"会义。"彳"，行走巡查；"殳"，一种兵器。"役"，就是扛着殳巡查，表示戍守边疆。

役 　　　役（古文）

御，其甲骨文字形像一人下跪的样子，表示双膝下跪迎接。后加上"止"，表示走上去。"御"的本义就是走上去迎接。其简体字是会意字，字形采用"彳、卸"会义。"彳"，行走；"卸"，解车马。或彳，或卸，皆御者之职。"御"就是"驭"，驾驭车马。

御 　　　驭（古文"御"）

彻，繁体字"徹"，会意字，字形采用"彳、育、攴"会义。"彻"，贯通。

微，形声字，字形采用"彳"做边旁，"散"做声旁。"微"，悄悄地行进。《春秋传》云："白公其徒微之。"（白公的门徒将他的尸体隐匿在山上。）

彻 　　　　　微 　　　　　径

径，形声字，"彳"做边旁，"巠"做声旁。"径"，步行的小路，只可行人，不可行车。杜牧的"远上寒山石径斜"，杜甫的"花径不曾缘客扫"，孟浩然的"林花扫更落，径草踏还生"，常建的"曲径通幽处，禅房花木深"等诗句中的"径"均指小路。

徙，会意字，字形采用"彳"和两个"止"会义。"徙"，搬家迁走。

徒，形声字，"辵"做边旁，"土"做声旁。"徒"，本义是步行。古代称步兵为"徒"，而步兵属同一类兵种，故把同一类、同一派别的人称为"徒"。"徒"，步行，不凭借任何交通工具，故又引申出空、光之意，如"徒有虚名""徒劳无功""家徒四壁"等。

律，本指古代用来校正乐音标准的管状仪器，以管的长短来确定音节，引申为音律；因音律有高低的规定，又引申为法律、约束、衡量等意义。《尚书》："同律度量衡。"即尺子的长短、斗的大小、秤的斤两必须统一，统一就是要制定标准。"律"在此处就是指统一制定标准。

律

几个偏旁或部首名称之商榷

独体汉字由笔画构成，合体汉字由偏旁构成。偏旁是传统汉字结构学说里的一个名称，指的是"六书"中会意字、形声字的组成部分，或表义，或表音。而部首是汉字的第一笔画或形旁。对于独体字而言，部首是第一笔画；对于合体字而言，部首是用于归类的表义的部件，也就是形旁。部首最早出现在《说文解字》中，许慎以汉字"六书"造字法为基础，对汉字进行排列，只有第一笔画或形旁相同的字才排列在同一部首，部首参与字义。比如：带有"木字旁"的字有"松""柳""杨""杉""板""材""杖""桌""床"等，都与树木、木材有关。这是汉字构造的重要特点。

汉字的偏旁或部首名称直接关系学习者和使用者对汉字的理解。因此，为减少错别字现象，偏旁或部首的名称要形象易记，要与其所代表的意思相关联。

人民教育出版社 2016 年版义务教育教科书《语文》一年级上册第 120 页的"常用偏旁名称表"列举了 34 个偏旁名称。其中，"亠"的名称为"京字头"，"彳"的名称为"双人旁"，"王"的名称为"王字旁"，"忄"的名称为"竖心旁"，等等。笔者认为这值得再商榷一二。

一、亠，教材上叫作"京字头"，笔者认为取"高字头"之名更妥

（一）由偏旁"亠"构成的字，字义与"高"相关，而不是与"京"相关，所以应该叫"高字头"

京，形声字，以省略了"口"的"高"做边旁（"京"字，省略"高"字下部的"口"，加上"丨"，"丨"像土台高耸的样子）。"京"，人工筑成的绝高土台。"京"字来源于"高"字。

亭，形声字，以省略了"口"的"高"做边旁，"丁"做声旁。古代县道，十里一亭，设有亭长；十亭一乡，设有三老。亭长、三老的

主要职能是维持秩序，禁绝盗贼。"亭"，留也，是供行旅者留宿的场所，或起高楼，所以"亭"字由"高"字构成。

高　　　京　　　亭

亮，本义是明、光线朗，由省略了"口"的"高"字和"儿"字构成。"儿"即"人"，人在高处则明。其简体字下部已改写作"几"。

膏，是以"高"作为声旁的形声字，其上部的"亠"理所应当为"高字头"。

豪、毫，是以省略了"口"的"高"作为声旁的形声字，其上部的"亠"就是"高字头"。

（二）偏旁"亠"源自"二"，"二"源自"上"，所以应该叫"高字头"

亥，上部的"亠"源自"二"，"二"源自"上"；其下为"乙"。"乙"字起笔的一横与"二"底部的一横重叠，遂省略成撇折。"亥"的下部是"从"，省略第一个"人"字的一捺（像"戔"简化为"戋"）。"亥"，从下往上分析，下部是一男一女两人，"乙"形如其中一人弯腰抱着的小孩，上部的"亠"（"二"）是一男一女两人的头。头为人身最高点、最高处，所以"亥"字上部的"亠"也带有"高"的含义。

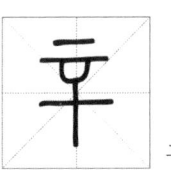

亥　　　辛　　　帝

辛（qiān），上部是"亠"，源自"二"，"二"源自"上"；下部是"干"。"辛"，会意字，字形采用"干、二"会义。"干"，侵犯，犯上；"二"，上。二者合译，即犯法也。"辛"由"辛"和"一"构成，上部也是"二"，均表示高高在上。

帝，形声字，"丄"做边旁，"朿"做声旁。"丄"在篆文中采用"二"做字根，"二"源自"上"。帝，最高称谓。

（三）偏旁"亠"亦可看作"大"的变体

"大"是正面站立的"人"，上部是头，一横像双肩（或张开的双臂），撇、捺像身子和分开的双腿。"亠"上一点代表站立之人的头部，位于身体的最高处，所以应该叫"高字头"。

立，会意字，字形采用"大、一"会义。"一"表示大地，"人"站在地上就是"立"。

交，其字形结构中："亠"指代人的头部，中间的"八"像人的左右手，"乂"像两条腿交叉的样子。按清代陈昌治刻本《说文解字》的解释："交"，上部是"大"字，下部是两条小腿交叉的样子。"交"的本义是小腿交叉站立。

亦，上部的"亠"指代人的头部（从"大"省，即"大"字省略了部分笔画，下同）。"亦"的本义是人的腋窝。虽然"变""恋""栾""鸾""弯""銮""孪""挛"等字的上部不是"亦"，而是"䜌"的简化，但我们根据简体字的字形，从简单易学的角度出发，还是把这些字的上部叫作"高字头"。

亢，上部的"亠"指代人的头部，下部的"几"像脖子两边的动脉。"亢"的本义是人的颈部，引申义为高。

（四）其他以"亠"为偏旁的字均含有"高"义，所以也叫"高字头"

离，象形字，上部的"亠"是禽兽头上的冠，中间的"凶"表示禽头，下部为"厹"（róu）。厹，鸟兽的足迹。"离"的本义是山神、猛兽。

充，上部的"亠"指代人的头部。"充"的本义是生长、长高。按清代陈昌治刻本《说文解字》的解释："充"，从"儿"，"育"省声（字形采用"儿"做边旁，采用省略了"月"的"育"做声旁）。

亡，今义为丢失、死亡、逃跑等，古义为无。"无"通"元"，虚无，虚无之道上通元始（元气寂寞）。往上通，所以"亡"上部的"亠"也暗含"高"义。

衣，象形字，字形像是一个"人"字覆盖在两个"人"字之上。

卒，上部是"衣"，下部是"十"，表示在衣服上做标记。"卒"的本义是在官府当差者的衣服上标记表示其身份的符号。

把"衣"字上下拆开，中间塞进其他偏旁，叫作"开衣架"。由此形成的字有"衰""哀""衷""裹""袤"等。

衣　　　　　卒

综上所述，把偏旁"亠"改称为"高字头"的理由充足，有助于汉语使用者更好地理解由它构成的汉字。

二、王，教材上叫作"王字旁"，笔者认为取"斜玉旁"之名更妥

除"闰""皇"两字外，其余以"王"为偏旁的字，它们的这一偏旁几乎都是"玉"的变形。基于此，笔者认为，偏旁"王"应该叫作"斜玉旁"，这有助于汉语使用者更好地掌握与此有关的汉字。玉在古代是美丽、名贵的装饰品，且作为信符，是祥瑞、美德的象征，很为人们所珍爱。带有"斜玉旁"的字有很多，有表示美玉的，如"琳""璐""瑾""瑜""瑶"等；有表示礼器和瑞器的，如"璧""琥""琬""琰""珑"等；有表示佩饰和信物的，如"珥""玠""玦""瑞"等；有表示玉色或赏玉行为的，如"瑳""玼""琱""琢""理""珍""玩"等；有表示玉声的，如"玲""瑝""玎""瑣""球""玱"等；有表示如玉之石的，如"碧""玖""珉""珣""瑂"等。试看下面以"王"为偏旁的几个例字：

理，从"玉"，"里"声。"理"的本义是治玉。治玉，就是对玉石进行切割、雕琢、打磨等。

球，玉石相击发出的声音。玉石相互撞击时会发出"啾啾"之声。"球"是拟声字。

璀、璨二字都是指玉光。"璀"，夺目的玉光；"璨"，美丽的玉光。

瑰，从"玉"，"鬼"声。一说是指玉珠完好圆浑，一说是指一种次于玉的石头。"玫瑰"，本义是漂亮的玉石，后引申为花名，以突出这种花如玫瑰玉石一般美丽。现在甚少有人知道"玫瑰"一词的来历，如果能从"斜玉旁"的角度去发掘，定能为玫瑰花添上一层历史底蕴和文化意味。

玩，弄也，摩弄玉石。其字形采用"玉"做边旁，"元"做声旁。"玩"和"弄"都以"玉"做偏旁，表示赏玩、摩弄玉石。后来，"玩""弄"不再局限于玉石。在字义上，"玩"就是"弄"，"弄"就是

"玩","玩"用"弄"来解释,"弄"用"玩"来解释。"玩"与"弄"同义互释,这就是六书中的"转注"法。

弄,玩也,赏玩玉石。其字形采用"廾"做边旁,从"廾"持"玉"。"廾"为左右两只手,表示双手持玉。"弄"的本义是赏玩玉石。

全,人字头,王(玉)字底。完好的玉叫作"全",纯粹的玉也叫作"全"。

莹,繁体字"瑩",美玉透明柔和的颜色。其字形采用"玉"做边旁,用省略了"火"的"熒"做声旁。一种说法认为,"莹"是仅次于玉的石头。

珏,左半部分的"斜玉旁"是玉,右半部分也是玉。"珏",就是两块玉合在一起,二玉相合为一珏。

班,从"珏",从"刀"(中间的一点一撇就是"立刀旁"的变形)。"刀",表示切分。"班"就是将作为信物的瑞玉切分成两半。

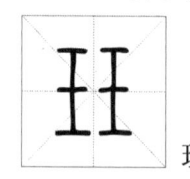

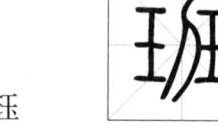

三、彳,教材上叫作"双人旁",笔者认为取"行走旁"之名更妥

偏旁"彳"并不意指两个人,而是与行走有关。它是象形字,字形就像人的大腿(股)、小腿(胫)、脚(足)三部分相连的样子。"彳"的本义是小步走。以"彳"为偏旁的字都与行走有关,如"往""街""衍""衔""彼""待""徘""徊"等。但就因为"双人旁"之名,人们容易对以此为偏旁的常用字的字义产生误解,以为"彳"指的是两个人,"亻"(单人旁)指的是一个人。把"彳"改称为"行走旁"后,大家就不会对由"彳"构成的字的意思产生误解了。

徐,边旁"彳","余"声,安稳缓慢地走。

微,边旁"彳","散"声,隐行也,偷偷地、悄悄地行走。

德,边旁"彳","惪"声,升、登,境界因善行而升华。

很,边旁"彳","皀"声,行进艰难。

德　很

四、忄，教材上叫作"竖心旁"，笔者认为取"立心旁"之名更妥

小时候学识字，我们只知其然，不知其所以然，于是很容易混淆一些形相近的字。笔者小时学习"慕"字，老师反复强调：这个字的下部不是"水"，也不是"小"，竖勾的左边是一点，右边是两点，千万注意不要写错，并在黑板上用红色粉笔写了一个大大的"小"。此景记忆犹新。后来，笔者走上教坛，在成为一名语文老师后发现，汉字生动有趣，一个汉字就是一部文化史，博大精深！汉字教学完全可以化枯燥为有趣，化呆板为生动。譬如，"小"就是"心"字的变形，仰慕的"慕"、恭敬的"恭"都是心理活动，所以从"心"。

那么，"心"为什么要变成"忄"和"小"呢？这主要是出于整体字形美观和谐的需要。我们知道，汉字是方块字，过长、过胖都会使字形显得松散、不紧凑。而汉字中有大量合体字，它们由表义或表声的偏旁通过左右、上下等结构方式组成。于是，合体字的各部分需要做适当变形，这样才能让字形在整体上和谐美观。如："人"和"木"组成"休"字，"人"变形为"亻"。"心"与其他偏旁构成合体字，"心"在合体字的左部时，通常变形为"忄"，如"惊""怜""悯""情""忆"等字；如"心"在合体字的下部做底时，则保持原状，如"态""思""想""感""念"等字；"心"在合体字的下部做底时，遇上部是"八"字结构，则要变形为"小"，因为"八"下方的空间狭长，如"恭""慕""忝"等字。

怜　感　恭

五、丬、片，教材上分别叫作"将字旁""片字旁"，笔者认为分别取"左半木""右半木"之名更妥

试看"木""丬""片"的篆书写法：

木 　　爿 　　片

篆书中，"木"从当中剖开，析成左右两半，左半木就是"爿"即"丬"；右半木就是"片"。"鼎"字的下半部分就是"爿"和"片"。含有偏旁"爿""片"的字都与木有关（以它们做声旁的形声字除外）。

爿，本义是木柴，多作为形声字的声旁。"妆""状""壮""将"等字的偏旁已经简化为"丬"，但"牀""奘""戕""斨""牁""牂"等字的偏旁仍用"爿"。

片，本义是被一分为二的木块。以"片"为偏旁的字，如"版""牍""牌""牒""牖"等，皆与木有关。

六、攵，教材上叫作"反文旁"，笔者认为取"撇又手"之名更妥

我们习惯称"攵"为"反文旁"，但实际上，"攵"一般指代手。如"教""数""放""敛"等字右部的"攵"其实是"攴"的变形。"攴"即"又"，是"手"的变形。所以，把"攵"叫作"反文旁"，容易让人对一些字词的意思产生误解。笔者认为，应称"攵"为"撇又手"或者"反手旁"，因为"又"是手，叫"又手旁（底）"，而"攵"也是"手"，字形上比"又"字多一撇。称其为"撇又手"或者"反手旁"之后，大家对相应字义的理解就不会出现偏差了。

教，会意字，字形由"孝、攴"会义而成，本义是"上所施，下所效也"，"教效"叠韵（同部叠韵的可以互训）。"孝"，善于侍奉父母长辈，其字形寓意"子承老"，即晚辈效仿长辈。"攴"，长辈展示正确的做法，手把手教。上施故从"攵"，下效故从"孝"。

敛，形声字，"攴"做边旁，"佥"为声旁。"敛"的本义是收。

数，形声字，"攴"做边旁，"婁"做声旁。"数"的本义是计算。

教 　　敛 　　数

七、犭，教材上叫作"反犬旁"，笔者认为取"立犬旁"之名更妥

我们习惯把"犭"叫作"反犬旁"。"反犬旁"是"犬"字的异体写法，意思和读音与"犬"字相同。汉字中带有偏旁"犬"，为了使整体字形紧凑美观，有时会将"犬"字立起来写作"犭"。严格来说，这属于立身变形。从"犭"的字大部分和动物有关，如"猴""猫""狮""狼"等。简体字中也把部分"豸"（"豸"指代肉食走兽，如"豹""豺""貂"等。"貌"的本义是野兽的外表）、"豕"等简化成"犭"，如："豬"简化成"猪"，"貓"简化成"猫"。

独，繁体字"獨"，形声字，"犬"做边旁，立身变形为"犭"；"蜀"为声旁。"独"的本义是孤单，从"犬"是因为犬好斗，不成群。由此推之，羊性情温和，好成群，所以"群"字从"羊"。

狂，形声字，"犬"做边旁，立身变形为"犭"；"坒"为声旁。《说文解字》："狂，狾犬也。"狾犬俗称疯狗。"狂"的本义是狗发疯，后亦指人精神失常，如"疯狂""癫狂"等。"狂"的引申义为纵情任性或放荡骄恣的态度，如"轻狂""狂妄"等；气势猛烈，超出常度，如"狂风""力挽狂澜"等。

独　　狂　　猝

猝，形声字，"犬"做边旁，立身变形为"犭"；"卒"为声旁。"猝"，狗突然从草丛中蹿出来追人，有突然、急速、出乎意料、出其不意等意思，如"猝不及防""猝然生变"等。

项氏偏旁正名表

偏 旁	名 称	例 字	偏 旁	名 称	例 字
ヨ	ヨ手	秉、录	亠	倒子头	弃、育
又	又手	叔、驭	亠	高字头	京、亮
ナ	左手	有、右	罒	罗网头	罩、罟
攵	撇又手	放、敛	艹	半草头	朝、壴
寸	寸手	导、射	学	学字头	觉、营
爫	爪手	采、觅	兴	兴字头	举、誉
攴	扑手	敲、寇	尚	尚字头	常、党
手	斜手	看、拜	臣	侧眼臣	鉴、览
廾	双拱手	弄、戒	爿	左半木	牀、㸚
八	双拱点	具、兵	片	右半木	牍、牌
亻	卧人头	旌、旗	阝	左阜耳	阴、阳
勹	高人头	色、危	阝	右邑耳	郭、鄙
卜	卜立人	卧、卙	页（頁）	倒首旁	颐、颈
亻	立人旁	休、仗	彳	行走旁	徐、得
刂	立刀旁	利、划	王	斜玉旁	珏、琼
衤	立衣旁	裤、补	乚	乙字边	乱、乳
礻	立示旁	祈、祀	厶	私字儿	篡、厹
忄	立心旁	惊、惋	小	竖心底	恭、慕
犭	立犬旁	狡、狐	糸	丝绳底	纂、系

点化万物

——汉字中的点

点在汉字当中很常见,是构成汉字的主要偏旁之一,表义非常丰富。那么,一点一横的"亠",两点一横的"䒑",以及三点一横的"亊",它们之间有什么关联呢?笔者由此萌发了整理解释偏旁"丶"的想法。汉字中有一点、两点、三点、四点之偏旁,分别列举阐释如下。

一点:一点在上的有"亠""宀""户""广""言""主""义""卞""永""良"等;一点在左的有"刃"等;一点在右的有"卜""外"等;一点在下的有"太""氐"等;一点在中的有"丹""班""辨""鸟"等。

两点:两点在上的有"冢""曾""益""数""逆""并""单""兰""关""半""羊""兽""首""谷"等;两点在下的有"穴""共""具""枣""冬"等;两点在左右两边的有"办""亦"等;两点在左的有"冰""凌""冻"等;两点在中的有"黑""母""乎""习"等。

三点:三点在上的有"兴""举""学"等;三点在左的有"氵"。

四点:四点在下的有"煮""热""烈""然""照""燕""羔""熊""罴"等;四点在四周的有"米";四点在中的有"雨"等。

一 点

一点在汉字中的站位主要有:一点在上,一点在下,一点在左,一点在右,一点在中。

一、一点在上

一点在上的"亠",主要有以下四种意义:①与"高"相关;②源自"二","二"即"上";③表示"大"的上部,即人头和手臂;④属于开衣架结构。

（一）"亠"与"高"相关，如"京""亭""亮""膏""豪""毫"等字

京，形声字，以省略了"口"的"高"做边旁（"京"字，省略"高"字下部的"口"，加上"丨"，"丨"像土台高耸的样子）。"京"，人工筑成的绝高土台。"京"字来源于"高"字。

亭，形声字，以省略了"口"的"高"做边旁，"丁"做声旁。古代县道，十里一亭，设有亭长；十亭一乡，设有三老。亭长、三老的主要职能是维持秩序，禁绝盗贼。"亭"，留也，是供行旅者留宿的场所，或起高楼，所以"亭"字由"高"字构成。

亮，本义是明、光线朗，由省略了"口"的"高"字和"儿"字构成。"儿"即"人"，人在高处则明。其简体字下部已改写作"几"。

高　　京　　亭

膏，是以"高"做声旁的形声字，其上部的"亠"理所应当为"高字头"。

豪、毫，是以省略了"口"的"高"做声旁的形声字，其上部的"亠"就是"高字头"。

（二）"亠"源自"二"，"二"源自"上"，如"亥""辛""辛""帝"等字

亥，上部的"亠"源自"二"，"二"源自"上"；其下为"乙"。"乙"字起笔的一横与"二"底部的一横重叠，遂省略成撇折。"亥"的下部是"从"，省略第一个"人"字的一捺（像"戔"简化为"戋"）。"亥"，从下往上分析，下部是一男一女两人，"乙"形如其中一人弯腰抱着的小孩，上部的"亠"（"二"）是一男一女两人的头。头为人身最高点、最高处，所以"亥"字上部的"亠"也带有"高"的含义。

辛，上部是"亠"，源自"二"，"二"源自"上"；下部是"干"。"辛"，会意字，字形采用"干、二"会义。"干"，侵犯，犯上；"二"，上。二者合译，即犯法也。"辛"由"辛"和"一"构成，上部也是"二"，均表示高高在上。

言，上部的"辛"是声旁，下部的"口"为形旁。直说叫"言"，论争辩驳叫"语"。

帝，形声字，"丄"做边旁，"朿"做声旁。"丄"在篆文中采用"二"做字根，"二"源自"上"。帝，最高称谓。

亥　辛　言　帝

（三）"亠"表示"大"的上部，即人头和手臂

文，会意字，字形由"人、乂"会义而成。"人"，为天穹天齐；"乂"，为天地交午。"文"的本义是交错的笔画，像交叉的纹理。文明始于天文历法，仰观天象，俯察地理，远取诸物，近取诸身，象形、指事、会意、形声、转注、假借而有文字，因文字而天下事理彰明，即"文明"。

立，字形是"大"下面加"一"。"大"就是两腿撑开、双臂平举的人，下面的"一"代表大地。"立"的本义是站住。

交，字形构成如下："亠"指人的头部，"八"像人的左右手，"乂"像两条腿交叉的样子。"头"是人身的最高点。按清代陈昌治刻本《说文解字》的解释，"交"，会意字，字形采用"大、乂"会义。"大"，人；"乂"，像两腿交叉的样子。"交"，人交叉小腿而立。

亦，象形字，字形像一个人垂挂着双臂。"大"是人，"八"表示双臂。"亦"的本义是人的腋窝或两肋，俗称"腋下""胳"。因此，衣服在腋下的缝合处叫作"袼"。

虽然"变""峦""栾""鸾""弯""銮""挛""挛"等字的偏旁不是"亦"，而是"䜌"的简化，但我们根据简体字的字形，从简单易学的角度出发，还是把它们叫作"高字头"。

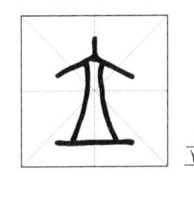

文　立　交　亦

六，上部的"亠"指人的头部（"大"字省略了下部的撇、捺），

下部的"几"像脖子两边的动脉。"亢"的本义是人的颈部，引申义为高。高亢、不卑不亢等词均出自此义。

方，旧时同"舫"，上部的"亠"指代船头。"方"，字形上部像两只船靠在一起的样子，字形下部像两个"舟"字省略合并后的样子。"方"，船头被绳子系在一起的相并的两只船。

亢　方　离

离，象形字，上部的"亠"（中）指代禽兽头上的冠，中间的"凶"表示禽头，下部为"厹"（róu）。厹，鸟兽的足迹。"离"的本义是山神、兽。

（四）"亠"属于开衣架结构，如"裹""衷""亵""衮""哀""衰"等字

"衣"经常会被上下拆开撑大，中间塞进去一个偏旁而成为新的字，如"亵""衮""裹""褒"等。笔者把这种造字方法叫作"开衣架"。

亵，形声字，"衣"做边旁，"执"做声旁。"亵"的本义是居家常穿的便服。《论语》曰："君子不以绀緅饰，红紫不以为亵服。""亵"引申为昵狎，假借为"媟"字。"亵"在字形上是把"衣"字撑大、张开，中间塞进去一个"执"字。

衣　亵

衷，形声字，"衣"做边旁，"中"做声旁。"衷"的本义是贴身穿的内衣，引申为折衷，假借为"中"字。"衷"在字形上是把"衣"字撑大、张开，中间塞进去一个"中"字。

衮，形声字，"衣"做边旁，"矛"做声旁。"衮"的本义是衣裳的衣带以上的部分。还有一种说法认为，在描述广阔地域时，南北向叫"衮"，东西向叫"广"。在籀文中，"衮"字采用"椧"做边旁。"衮"在字形上是把"衣"字撑开、张大，中间塞进去一个"矛"字。

衷　褒

一点在上的"广""户""宀"等偏旁主要表示房屋，详见本书152页"表示房屋的偏旁"部分。

府，形声字，"广"做边旁，"付"做声旁。"府"的本义是储藏文书的地方，后来把百官所居之处也叫府。

序，形声字，"广"做边旁，"予"做声旁。"序"的本义是堂屋前东西两侧的门墙。

庙，繁体字"廟"，形声字，"广"做边旁，"朝"做声旁。"庙"，最早指祭祀祖先的地方。后来，人们也为神立庙。

府　序　庙

也有一些简化后带"广"的字与房屋无关，如"床"（牀）、"庄"（莊）、"应"（應）、"庆"（慶）等。

户，半扇门叫户，大多与"门"有关，如"启""扇""扉"等。

启，会意字，字形采用"户、口"会义。"户"，半扇门；"口"，洞开的样子。"启"的本义是打开门、门开着。

房，正室两侧的旁室。堂屋之内，中间的是正室，左右的是房，也就是平时所说的东房、西房。

启　房

废，形声字，"广"做形旁，"发"做声旁，字义落在形旁"广"上。"废"的本义是房屋倒塌，或倒塌的房屋。词语"废弃""废物""作废""废止""废旧"等都与"废"的本义有关。

庖，形声字，"广"做形旁，"包"做声旁。"庖"的本义是厨房。

废　庖

宀，形似房屋，最早出现在甲骨文中，指屋顶。由其构成的汉字都与房屋有关。

室，会意字，字形采用"宀、至"会义。"至"，表示奔波一天后停歇。"室"，内室，后引申为凡所居皆曰室。

宫，形声字，"宀"做边旁，省略了"身"的"躳"做声旁。"宫"，宫室。宫谓之室，室谓之宫。也可把"宫"作为会意字来解释：字形采用"宀、吕"会义。"宀"，绕其外；"吕"，居其中（"吕"是人体内脊椎骨的象形，处在人身之中）。

室　宫

"主""义""良""卞""以""永""为"等字上部一点的意义如下。

（一）一点，表示象形

主，上"凵"下"土"，像灯盏、灯架的形状。上部的"丶"既表义，又做声旁，形似灯盏中的火焰。"主"的本义就是灯中的火柱。

主

（二）一点，表示指事

义，下部是"又"（父、史），"又"就是手，双手高举的一点代表火柱，象征信仰和力量。《孟子·告子上》："生，亦我所欲也；义，亦我所欲也。二者不可得兼，舍生而取义者也。"

良，上部的一点表示火柱，象征人们奉行的原则、追求的理想、秉承的信仰。

卞，上部的一点表示火柱。"卞"的本义是法度、法律。法度在人们心中是至高无上的存在，是大家需要遵循的东西。"卞"，像火苗从下往上冒出，引申为急躁。

以，其上一点表示"这个"。"以"的本义是用。用什么呢？就用这个"点"来表示凭借。

永，上部一点指向下部字形："水"字中间的一竖上方加一短横（丆），表示弯弯曲曲的水流。弯弯曲曲的水源远流长，一直向下流淌。《诗经》曰："江之永矣。"就是说江水长流，滔滔不绝。

永

（三）一点是简化写法

为，繁体字"爲"，其上部的"爪"简化为"、"。"为"的字形原是以"手"控"象"，本义是役象以助劳，引申为做，又引申为种植、建造、制作、充当、掌管、当作等，后虚化为介词。

为

二、一点在左

一点在左的主要是"刃"以及由它构成的合体字，如"忍""汈"等字。一点在左，主要表示指事。

刃，由"刀"字及一点构成。"、"是指事符号，用来指代刀口。"刃"就是经过淬火的最锋利的刀口。

忍，形声字，"心"做边旁，"刃"做声旁。"忍"的本义是能耐。

汈，形声字，"水"做边旁，"刃"做声旁。"汈"的本义是水。

刃　　忍　　汈

三、一点在右

一点在右的有"卜""外""甫"等字，对它们的分析如下。

（一）在右的一点，是象形

卜，象形字，像龟甲被灼烤后裂纹纵横的样子。通过灼烤龟甲后形成的裂纹来预测吉凶就是占卜。由偏旁"卜"组成的"仆""朴""扑""卟"等字皆是一点在右。

卜　　卜（古文）

外，会意字，字形采用"夕、卜"会义。"夕"，晚上；"卜"，占卜。人们通常在白天行占卜之事，而今在夜晚占卜，便属例外了。"外"的本义是疏远。

外　　外（古文）

甫，会意字，字形采用"用、父"会义，"父"也是声旁。"父"形似"手"上持着一根杖。"甫"，古代对男子的美称。"甫"上一点就是手杖的象形。

甫　　父

（二）在右的一点，是"人"字笔画捺立身后的变形

卧，异体字"臥"。臥，会意字，字形采用"人、臣"会义。"人臣"就是朝中大臣，朝中大臣在参见帝王时要弯腰或伏地叩拜。"臥"就是以大臣的叩拜造型为造字依据，像屈服之形，本义是躺下来休息。简体字"卧"，则是把正常的"人"字立起身来，变形为"卜"。"卜"字右部的一点是"人"字捺的变形。

卧

信，旧时写作"訫"。"信"，会意字，字形由"人、言"会义而成，"人言则无不信者"，人无信则不立，所以要做到一诺千金。"信"，本义是诚实无欺。"訫"也是会意字，字形采用"人、言"会义，只是左右结构互换，并把"人"立身变形为"卜"。"卜"字右部的一点是

信

"人"字捺的变形。

（三）在右的一点，是笔画捺的收缩

"木""米"等在合体字的左半部分做偏旁时，其一捺收缩变形为"、"，如"根""林""树""材""料""粮"等字。

四、一点在中

一点在中的有"戍""丹""班""辨""鸟"等字，对它们的分析如下。

（一）在中的一点，是笔画撇、捺的收缩

戍，会意字，字形采用"人、戈"会义，表示守卒持戈。"戍"的本义是戍守边境。"戍"里面的一点是"人"字捺的变形。

丸，会意字，是"仄"字的反身。"仄"，会意字，字形采用"厂、人"会义，"人"在"厂"下。"仄"，扭着脖子让头部朝一边侧倾。"丸"，从反"仄"，意思是倾侧着旋转。"丸"中的一点是"人"字捺的变形。

班，会意字，字形由"玨、刀"会义而成。两块玉中间夹一把"刀"而为"班"，表示把作为信物的瑞玉切分成两半。"班"的中部是"刀"的立身缩小变形，"刀"字的撇变形为点。

戍　　丸　　仄　　班

辨，形声字，"刀"做形旁，"辡"为声旁。"辨"的本义是分割、区分、辨别。"辨"的中部是"刀"的立身缩小变形，"刀"字的撇变形为点。

（二）在中的一点，是象形

丹，巴蜀吴越地带的赤色矿石，字形像采丹的井口，其中的一点表示赤色矿石。

鸟，象形字，长尾禽的总称。鸟足形似"匕"字，所以"鸟"的字形采用"匕"做边旁，里面的一点是眼睛的象形。

丹　　　丹（古文）　　　鸟

五、一点在下

一点在下的有"太""氐"等字，以及由它们构成的"态""底""抵""低"等字。一点在下，主要表示指事。

太，古时作"大"，后语音分化，在"大"字底部添加指事符号"、"。"太"的本义是过于。古时也作"泰"。凡言大而以为形容未尽，则作"太"，极大的意思。

氐，字形采用"氏"和"一"构成指事字，意为抵达；简体字把下面的"一"改作"、"，是指事符号。"柢"，旧时写作"氐"。"柢"的本义是根本，蔓根曰根，直根曰氐；后作"低"，头向下垂，低下，引申为低廉。氐是中国古代的一个少数民族，居住在西北一带，东晋时建立了前秦；也是二十八星宿之一。

氐

两　点

两点在构成汉字时的站位主要有：两点在上，两点在下，两点在左，两点在右，左右各一点，两点在中。

一、两点在上

两点在上的有"羊""兽""首""头""并""兼""关""单""兰""益""谷""父""豖""曾""半""羋""芦"等字；两点在下的有"共""具""枣""冬""穴"等字；两点在左的有"病""壮""状""冰""凌""冻"等字；两点在右的有"小"等字；两点在左右两边的有"办""亦"等字；两点在中的有"母""爻""黑""乎""习""羽"等字。

（一）两点在上，表示象形

"主"之一点像火柱，"鸟"之一点像眼睛。两点也有表示象形的，像两只角、两只耳朵、头发等。

羊，象形字，像羊的头、角、足、尾。"羊"字上部的两点指代羊的两只角。

首，象形字，就是我们现在所称的"头"，也写作"百""𦣻"。"巛"像头发。"首"上两点就像头发。

羊　首

（二）两点在上，表示指事符号

头，繁体字"頭"，形声字，"頁（页）"做边旁，"豆"做声旁。"页"的本义就是"头"。与头部相关的字，如"额""颊""颐""硕""烦"等皆从"页"。简体字"头"，字形由"大"和两点构成，"大"形似一个正面的人，上面两点起到指事作用，指人首。

头

斗，象形字。"十"像有柄的方形容器，"斗"上两点是指事符号，表示用容器来斗量的米、黍、粟、豆之类的粮食。十升为一斗。

（三）两点在上，表示重复

并，异体字"竝"，字形由左右并排的两个"立"构成。"立"，会意字，字形由"大、一"会义而成。"大"形如一个撑开双腿、平举双臂的人；"一"代表大地。"立"的本义是站住。"竝"则表示两个人并排站立。后来把左右并排的两个"立"简化变形为"並"，即"竝"上两点不变，上部的两横和底部的两横分别合并成一横，中间四点变形为两点、两竖。之后，"並"进一步简化为"并"。"竝""並""并"上部的两点表示人首。

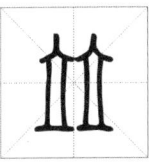

立　竝

兼，会意字，字形由"秝"和"又"会义而成。"又"即"彐"，也就是手。"兼"像一只手同时抓握两茎禾。"兼"是手持二禾，"秉"

是手持一禾。"兼"的意思是同时操持、把握。"兼"上部的两点表示两把禾苗。

兼　　　秉　　　关

关，形声字，"门"做边旁，"丱"做声旁。简体字"关"上部的两点指代两扇门，"二"代表闩门的横木，"人"表示插好门闩。

（四）两点在上，表示简写

单，字形采用"叩、里"会义，"叩"也是声旁。"里"，不知所指，所以解释暂缺。"单"的本义是大，引申为孤单、孤立、单薄等义。"单"字上部的两点是"叩"的简化写法。

单　　　兰

兰，繁体字"蘭"，形声字，"艹"做边旁，"闌"做声旁。"兰"上部的两点是两个"屮"的简化写法。

（五）两点在上，是"水"字的横卧或半"水"

益，字形由"水、皿"会义而成。水生万物，是一切生命的源泉，是人类最宝贵的资源之一。水草丰茂之处是昆虫、鸟类、鱼类、禽兽等云集之所，是原始时期人类狩猎、捕鱼的绝佳之地。农牧时代，这里是放牧的好去处，开垦出来之后，则是绝佳的耕地。所以，水象征着财富。"皿"是盛水的器具。"益"字上部的"水"横卧，表示水从器皿中满溢出来，直观地表现出"益"的本义——富饶有盈余。

谷，象形字，本义是泉水从山涧中流出，奔向江河。泉出通川为谷，从"水"半见，出于"口"。"口"，表示水从山口流出。在古文中，"谷"上两点即"水"上两点，"谷"下两点即"水"下两点。"谷"字缺少"水"字中部的结构，所以说只看到半个"水"。

益　　谷　　水

（六）两点在上，是"八"或倒立的"八"

父，字形由"又"及其上的"一短竖"构成。"又"是右手，"一短竖"像棍子、手杖。"父"的字形像一手举杖教训子女的样子。父亲是规矩的代表，是一家之长，是带领、教育子女的人。对于简体字"父"，笔者认为：上半部分是"八"，下半部分是撇捺交叉的"又"（"史"字下部撇捺交叉的偏旁也为"又"的变形，见篆书"又"字）。"又"是"手"，人身上的一切任务、使命、职责都要靠双手劳动来实现。"八"左右各一点，在字形上是为了对称，避免了篆书"父"在字形上因只拿一根手杖而不对称，也表示父亲手上主要有两项使命和职责，一是正己修身，注重身教，严格要求自己，以自己合乎道德规范的言行引领示范、直接影响下一代，时时事事做子女的表率；二是管教齐家，严格教育子女，使其身体茁壮成长，使其思想健康、世界观正确，使其掌握必备的知识技能。

父　　又

"穴"字的下半部分是"八"；"小"字的左右两点构成"八"；"尚""㒸""曾""半""乎"等字的上半部分在篆书中是"八"，但在楷书中则为倒"八"。

㒸，形声字，"八"做边旁，"豕"做声旁。"八"相别相背，"㒸"的本义是顺从、听从。"㒸"上部的两点是倒立的"八"。

曾，形声字，"八、曰"做边旁，"囧"做声旁。"曾"，语气助词。"曾"上部的两点也是倒立的"八"。

㒸　　曾　　半

半，会意字，字形采用"八、牛"会义，表示物体平分后所得的部分。牛是大物，因此可以被分割。"半"上部的两点是倒立的"八"。"半"可以构成很多形声字，如"胖""判""畔""泮""叛"等。

（七）两点在上，是"入"的倒立变形

芉（rěn），会意字，字形由"二"和倒过来的"入"会义而成。"入""一"为"干"，"入""二"为"芉"。"芉"的本义是刺，其上两点是"入"的倒立变形。

屰，即"逆"，会意字，字形由"干、凵"会义而成。"干"，上犯、冒犯；"凵"，凹陷、陷阱。"屰"的字形就像地面塌陷，陷于其中，本义是不顺。其上两点是"入"的倒立变形。

| 入 | 干 | 芉 | 屰 |

二、两点在下

（一）两点在下，表示双手

共，会意字，字形采用"廿、廾"会义。《说文解字》引段玉裁注："廿"、二十并也，二十人皆竦手是为同也；"廾"，表示双手持、捧东西。"共"下半部分的"六"是"廾"的变形写法。

| 共 | 共（古文） | 具 |

具，会意字，字形采用"廾"和有所省略的"贝"会义。"廾"，左右两只手；"贝"，财货的象征。"具"，多人一起抬举。"具"下半部分的"六"是"廾"的变形写法。

与，繁体字"與"，会意字，字形采用"舁、与"会义。"舁"，四只手（众人）共举；"与"，赐予。"與"，大家一起出力赐予、给予。"與"下半部分的"六"是"廾"的变形，代表左右两只手。

与　　　　　　与（古文）

(二) 两点在下，表示下垂

冖，象形字，"一"表示覆盖，"一"左右各一点表示下垂，即盖上稻草、瓦片等，覆之则四面下垂。

(三) 两点在下，表示重复

枣，繁体字"棗"，会意字，字形由两个"朿"会义而成。朿，即刺，小的荆棘树丛生的样子；左右重朿为"棘"，指矮小、丛生的荆棘；上下重朿为"棗"，长大后会生果子的为枣。后来把上下重叠的两个"朿"简化变形为"枣"。"枣"底部的两点就表示"朿"之重复。

(四) 两点在下，是"仌"的简化写法

冬，会意字，字形采用"夂、仌"会义。"夂"是"终"字的古文，"仌"是"冰"的古文。"冬"，一年中最后一个时令。"冬"下两点是"仌"的变形。

冬　　　　冬（古文）　　　寒

寒，会意字，字形采用"宀、人、茻、仌"会义。"宀"，房屋；"人"在房屋里；"茻"表示用草褥垫盖；"仌"是"冰"的古文，表示天气冷，水结冰。"寒"，冰冷。"寒"底部的两点是"仌"的变形。

(五) 两点在下，是"八"

穴，形声字，"宀"做边旁，"八"做声旁。"穴"，土室。"穴"底部的两点是"八"。

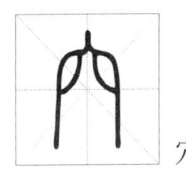

穴　　　　六

六，会意字，字形采用"人、八"会义。《周易》中，依阴阳理论，六是阴数，所以指阴爻。阴爻的变数为六，阳爻的变数为八。

（六）两点在下，是"火"下部的撇捺

黄，会意字，字形采用"田、光"会义，"光"也兼做声旁。"田"表示土地、大地，"光"表示颜色。"黄"的本义是中原土地的颜色。"光"的异体字是"艾"。"黄"的篆书字形是"田"夹在"艾"中。简体字"黄"中，"火"字的两点变形为一横，撇捺变形为两点。

黄

三、两点在左

（一）两点在左，是"冫"的简化写法

我们平时所说的"两点水"是"仌"的变形写法。原本以"三点水"为偏旁的字，其简体字将偏旁改为"两点水"，字义仍与水有关，但不再表示冰冻，如"沖—冲""凖—准""決—决"等。下列篆书字形都可见原字的偏旁。

冲　　准　　决

冯，形声字，"马"做边旁，"冫"做声旁。"冯"，马快速行进。"冯"左部的两点是"仌"的变形。

凋，形声字，"冫"做边旁，"周"做声旁。霜冻可以让自然界一切动植物受伤害，所以，"凋"采用"冫"做偏旁。"凋"，半伤，还未完全。"凋"左部的两点是"仌"的变形。

冯　　凋　　冶

冶，形声字，"冫"做边旁，"台"做声旁。"冶"，销熔金属。"冶"左部的两点是"仌"的变形。

（二）两点在左，是"丬"，即"爿"的简化写法

"爿"就是"木"字从中间剖开后的左半部，本义是木柴。部分汉字的偏旁"爿"简写成"丬"，如"妆""状""壮""将"等。但"牀""奬""戕""斨""牁""牂"等字的偏旁仍用"爿"。

状，形声字，"犬"做边旁，"爿"做声旁。"状"，犬的外形，引申为形状。"状"左部的"丬"是"爿"的简化写法。

壮，形声字，"士"做边旁，"爿"做声旁。"壮"，强大。"壮"左部的"丬"是"爿"的简化写法。

（三）两点在左，是"疒"，俗称"病字框"

疒（nè），象形字，像人生病时躺在床上的样子。"疒"，倚靠。以"疒"为偏旁的字有"瘫""痪""痤""疮""疱""疹""痛""痒""疼""疝""疣""疡""痈""疫""疤""痱""症""痔""瘁""疸""痊"等。

四、两点在右

两点在右，是"心"的变形。

"心"在合体字的左部时，写作"忄"，如"惊""怜""惘""情""忆"等字；"心"在合体字的下部做底，则保持原状，如"态""思""想""感""念"等字；"心"在合体字的下部做底，且其上是"八"字结构，就要写作"氺"，因为"八"字结构下方空间狭长，如"恭""慕""忝"等字。"氺"右半部分的两点就是"心"右上部的两点。

五、两点在左右两边

（一）两点在左右两边，是"八"

尚，形声字，"八"为边旁，"向"为声旁。"八"在字形上由分开的一撇、一捺构成，意思是一分为二、相别相背。"八"也像人呼出的气分散开来。"尚"就是上，曾，重也（曾孙、曾祖）。"尚"和"曾"都有层累加高之意。"尚"，可解释为曾经，大约……了吧。其上两点是"八"的倒立变形。

尚

小，会意字，字形由"八、丨"会义而成。"八"，表示分开、分割；"丨"，具体的物。某物一出现，就把它分割、分离。"小"，物品微小。"小"的左右两点就是"八"的变形。

（二）两点在左右两边，是双臂

亦，象形字，字形像一个人垂挂着两臂。"大"是人，"八"是两臂。"亦"的本义是人的腋窝，俗称"腋下""胳"。因此，衣服在腋下的缝合处叫作"袼"。"亦"的左右两点就像人的双臂。

亦

（三）两点在左右两边，是麦芒

来，周代先人所接受的西域瑞麦。一枝来麦有两枝麦峰，像麦子的芒刺，是上天送来的宝贵礼物。"来"的左右两点指代两边的麦芒集聚之峰。

来

（四）两点在左右两边，指代两个人

夹，会意字，字形采用"大"和两个"人"会义。"大"，正面站立的人。"夹"，字形表示一个人被两人从左右两边挟持。"夹"的左右两点指代两个人。

夹

（五）两点在左右两边，是简化写法

娄，繁体字"婁"，会意字，字形由"母、中、女"会义而成。"母"犹从"无"也，无者，空也；"中、女"，是《易经》中的离卦，离中虚也。"娄"，空也。篆书"婁"中的"母、中"简化成"米"，形成简体字"娄"。

娄　　娄（古文）　　办

办，繁体字"辦"，形声字，"力"做边旁，"辡"做声旁。"办"，全力以赴去做。"办"把繁体字左右两边的"辛"简化省略成两点。

（六）两点在左右两边，是火焰的形状

光，会意字，字形采用"火、儿"会义。"儿"指代"人"。其字形像火把在人的上方，所以"光"有光明、明亮的意思。简体字"光"把"火"中的撇捺——"人"变形为"⊥"。"光"上部的左右两点是"火"的象形。由偏旁"火"组成的字有"烟""炎""焱""焰""燃""烧"等。

光

（七）两点在左右两边，是磨得锃亮的刀的反光

刅（chuāng），会意字，字形由"刀、一"会义而成。"一"，像被刀划开的伤口。"刅"，受创伤，现在普遍写作"创"。还有一种说法认为，"刅"的左右两点是"刀"两面折射出的亮光。

刅　　创

六、两点在中

（一）两点在中，是双手

母，象形字，字形是在"女"的基础上左右各加撇捺，就像双臂怀抱着孩子，又说形似母亲哺育儿女。简体字"母"的字形就像女性怀孕时的肚子，中间的两点代表母亲用辛勤的双手养育子女。"母"，牧也。"牧"即哺育。母亲对孩子的关爱在汉字"母"上得到了充分的体现。

母　　女

（二）两点在中，是"八"

夋（qūn），形声字，"夊"为边旁，"允"为声旁。"夊"，两足。"夋夋"，行走迟缓的样子。"夋"在字形上把"允"字下部的"儿"撑开、张大变为"八"，从而让"夊"有足够的书写空间。"夋"中间的两点是"儿"的变形。

乎，象形字，"兮"上加一撇，像声气向上张扬开来。"乎"，语气呼出缓慢未尽。"乎"中间的两点就是"兮"上部的"八"的倒立变形。

夋　　乎

（三）两点在中，是烟火

黑，会意字，字形由"囱、炎"会义而成。"囱"，旧时写作"囱"；"炎"，火焰上腾。"黑"，经烟火熏染后形成的颜色。"黑"中间的两点就像是烟囱里烟火上熏的样子。

黑

（四）两点在中，是羽毛

羽，象形字，像鸟类的羽毛。"羽"中间的两点就是羽毛的象形。由偏旁"羽"构成的字有"翠""翊""翌"等。

羽

三 点

三点在构成汉字时的站位一般只有两种，一是在左部，如"氵"；二是在上部，构成"兴""举""誉""学""觉"等字。

由偏旁"氵"构成的汉字有六七百个之多，几乎都与"水"有关，如"江""河""湖""海""池""洪""汛""澎""湃""流""洗""涤""汗""溅""渠"等。

活，形声字，"氵"做形旁，"昏（舌）"做声旁。"活"的或体字形以"聒"为声旁。"活"的本义是哗哗的流水声。"流水不腐，户枢不蠹。""问渠那得清如许？为有源头活水来。"水流潺潺哗哗，是为活水。"活"，引申为生存。

活　　活（或体）

派，会意字，字形由"水、辰"会义而成。"派"的本字是"辰"，表示分支的水流。"永"字像纵向的河水源远流长，"辰"是"永"字的反身。

派　　辰　　永

浓，繁体字"濃"，形声字，"水"做边旁，"農"做声旁。"浓"，露水多。

涣，形声字，"水"做边旁，"奂"做声旁。"涣"，水向四处流散。

汤，形声字，"水"做边旁，"昜"做声旁。"汤"，本义是热水。

浓　涣　汤

漏，形声字，"水"做边旁，"扁"做声旁。"漏"的本义是用铜壶盛水，在铜壶上标刻滴水进度，一个昼夜的时间长度（24小时）在铜壶上对应100个刻写标记（即每一个刻写标记对应14.4分钟），以此计时。

兴，会意字，字形采用"舁、同"会义。"舁"，四只手（众人）共举；"同"，表示大家齐心协力。众人合力举起就是"兴"。简体字"兴"在字形上将上部的两只手和"同"简化为三点。

漏　兴　举

举，形声字，"手"做边旁，"與"做声旁。"举"，两手相对，同时举起。"举"字上部的三点是"與"字上部的简化写法。"誉"字同理。

学，会意字，字形采用"教、冖"会义。"冖"表示尚处于蒙昧状态。"学"，觉悟。"學"是篆文的省略写法。把"學"字上部简化成三点就成了简体字"学"。

觉，形声字，"见"做边旁，省略了"子"的"学"做声旁。"觉"就是悟，"觉""悟"两字互为转注。另有说法认为，"觉"是发现的意思。"觉"上三点之简化同"学"。

誉，形声字，"告"做边旁，省略了"子"的"学"做声旁。"誉"，非常紧急地汇报、报告。其上三点之简化同"学"。

学

觉

四 点

四点在构成汉字时的站位主要有：在四周，在中间，在底部。四点在汉字中的表义主要有以下两种类型：一是表示象形，像粟籽，像雨点，像动物的尾巴，像动物的四肢，等等；二是"火"的变形。

一、四点在四周，表示象形，如"米"

米，象形字，像粟禾结实的样子。"米"就是粟的籽实。由偏旁"米"构成的字有"料""籽""粮""粉""迷""眯""咪""洣"等。篆书中，"米"字四周共四点，就像粟籽。

米

二、四点在中，表示象形，如"雨""黍"

雨，象形字，上部的"一"代表天穹，其下的"冂"像低垂的云团，水零落其间。"雨"，水从云层降下地面。由偏旁"雨"构成的字有"霖""雷"等。"雨"中的四点像洒落的雨滴。

黍，禾属而软黏的谷物之一。因为在大暑时节播种，所以取"暑"之音称"黍"。"黍"，形声字，"禾"做边旁，有所省略的"雨"做声旁。

雨

黍

三、四点在下，表示动物的四肢，如繁体字"爲""馬"

为，繁体字"爲"，其上部的"爪"简化为"、"。"为"的字形原是以"手"控"象"，本义是役象以助劳，引申为做，又引申为种植、建造、制作、充当、掌管、当作等，后虚化为介词。"爲"下四点是大象四足的象形。

马，繁体字"馬"，象形字。一种会昂首怒吼的动物，勇武无比。马是单蹄食草类大型哺乳动物，铜器时代即被人类驯化，用作驮畜、挽畜和乘骑；它和其他现存的马属和马科动物的区别是尾毛和鬃毛长，后腿飞节内下方有一块胼胝，还有一些非固定特征，如体型较大、蹄子较大、颈稍呈弓形、头小、耳短等。"馬"下四点指代马的四肢。

为　　马

"熊""羆""羔"是以"火"或者"炎"为声旁的合体字，严格来说，其下四点不是动物四肢的象形。

四、四点在下，表示动物的尾巴，如"燕"和繁体字"魚"

燕，象形字。"廿"像它钳形的口，"北"像它轻薄的翼，"火"像它枝杈状的尾。"燕"字下部的四点就是燕子尾巴的象形。

燕　　鱼

鱼，繁体字"魚"，象形字，字形从上往下分别代表鱼头、鱼身和鱼尾。鱼尾与燕尾相似，所以"魚"字的底部与"燕"字一样，都是"灬"。"魚"字下部的四点就是鱼尾的象形。

"烝""煮""煎""熬""烹""熟""焦""热""烈""然""照""庶"等字下部的四点是"火"的变形。"火"变形为"灬"，目的是让整体字形协调美观。偏旁"火"做底时，大多变形为"灬"，少数不变的则有"炙""灵""灭""灾""荧"等。

黑，会意字，字形由"囱、炎"会义而成。"囱"，旧时写作"囧"；"炎"，火光上腾。"黑"，经烟火熏染后的颜色。以"黑"为偏旁的"點"（点），形声字，"黑"做边旁，"占"做声旁。"点"，小黑粒。"黑"下部的四点是"火"的变形。

黑　　点

杰，异体字"傑"。"杰"的本义是才智出众的人，引申为卓异的、出色的、高大的。《白虎通·圣人引辨名记》："五人曰茂，十人曰选，百人曰俊，千人曰英，倍英曰贤，万人曰杰，万杰曰圣。""杰"，像"木柴"置于火堆之上，燃烧旺盛、火光冲天。"杰"下四点是"火"的变形。

煦，形声字，"火"做边旁，"昫"做声旁。"煦"，火气上升。一种说法认为，"煦"是日出时太阳赤红的样子；另一种说法认为，"煦"指湿润。"煦"下四点是"火"的变形。

熙，形声字，"火"做边旁，"巸"做声旁。"熙"的本义是干燥，也可解释为光、明。

煦 　熙

烝，形声字，"火"做边旁，"丞"做声旁。"烝"，像蒸笼里火气上升的样子。"蒸"，形声字，"艹"做边旁，"烝"做声旁。"艹"与植物有关。"蒸"的本义是将麻秆从中间折断。现把"烝"写作"蒸"。

烝 　蒸

煎，形声字，"火"做边旁，"前"做声旁。"熬"，干烤。"煎""熬"互为转注。

热，形声字，"火"做边旁，"埶"做声旁。"热"，给食物加温。"热"下四点是"火"的变形。

烈，形声字，"火"做边旁，"刿（列）"做声旁。"烈"，火猛。"烈"下四点是"火"的变形。

煎 　热 　烈

横行天下

——汉字中的横

横作为偏旁，在汉字中极为常见，表义也很丰富。横在汉字偏旁中主要有一横、两横、三横三种形式。

一 横

一横在构成汉字时的站位主要有：一横在上，一横在中，一横在下。

一、一横在上

一横在上的有"天""不""雨""西""下""可""兀""而""面""页""丙""才""木""左""右""甫""丁""吏""正""两""再"等字。

（一）一横在上，表示天、上面

天，字形是"大"上加"一"。"大"，站立的人，上面的"一"表示这个人头顶的天穹。

不，字形是"鸟"上加"一"。"一"表示天，"一"下面的半圆形是鸟头，一竖表示鸟的身子，左右两弧线是鸟张开的双翅。"不"的本义是鸟张开双翅飞翔。古人用石块、投枪、网等工具狩猎飞禽，很多时候都会被机警的飞禽发现。飞禽受惊吓后，张皇失措地张开翅膀，"噗噗噗"地往天上飞。鸟朝向天空飞远，表示狩猎失败，没有成功，这就是作为否定副词"不"的造字来历。"不"的读音也来源于鸟振翅飞走时发出的"噗噗噗"声。"不"与"噗"的韵母相同。

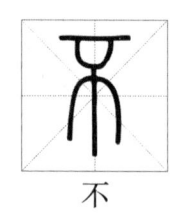

雨，象形字，上部的"一"代表天穹，"冂"像低垂的云团，水零落其间。"雨"，水从云层降下地面。

雨 　　西

西，象形字，像鸟在巢上。太阳落到西方，鸟就要回到巢穴栖息，所以用鸟在巢上表义"西"字。"西"字的下部是鸟巢，上部是鸟。"西"上一横，表示上面。

下，指事字，上部的一横表示上面，下部是指事所在。

兀，会意字，字形由"一、儿"会义而成。"儿"，就是人；"一"表示人的上面。"兀"的本义是高而上平。

下 　　下（重文） 　　兀

丂（kǎo），象形字。"丂"，气息上升的样子。"丂"上礙于"一"也。"丂"，气欲舒出，气往上面呼出。"丂"上一横表示上面。

（二）一横在上，代表头部

元，字形是"兀"上加"一"。"兀"上的"一"表示人首，万事从头起。"元"的本义就是起始，属于会意字。

元

而，像毛发之形，指络腮胡子。"而"上一横代表头部。

面，像人面形，指人的正脸。"面"上一横代表头部。

页，人头。"页"上一横代表头部。夏，上部是"页"，也代表头部。

而 　　面 　　页

（三）一横在上，表示阳气

丙，会意字，字形采用"一、入、冂"会义。这里的"一"，表示阳气。在天干诸位中，丙代表南方，南方代表四季中的夏天，这时万物长成，一派光明的样子。

更，形声字，"攴"做边旁，"丙"做声旁。"更"，改变。

丙　　　更

（四）一横在上，表示覆盖

冂，象形字，中间是"一"，两端作下垂（垂挂）状，意为覆盖。宀，象形字，形似房屋。"宀"就是屋顶两坡相交覆盖的高顶房屋。"冂"之一横表示覆盖，"宀"之一横也表示覆盖。

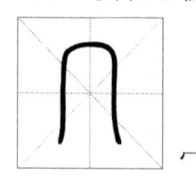

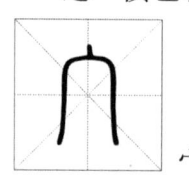

冂　　　宀

（五）一横在上，表示地面

巠，形声字，上部是指事用法，在"川"之上添一横；下部是有所省略的"壬"，做声旁。"一"，表示地面、地表；"川"，水流。"巠"的本义为地下水的水脉。

才，字形由"丨、一"构成。"丨"加上一撇，像草木之茎叶贯穿地面，将生而未生枝叶；"一"表示地面。"才"，本义指草木初生，引申为刚刚。

屯，字形是"屮"贯穿"一"。"屮"，草木的嫩芽；"一"，表示地面，像草木的嫩芽艰难冲破地面的样子。"屯"，生长艰难。

巠　　　才　　　屯

（六）一横在上，把笔画拉直

在小篆之后，汉字的笔画逐渐演变成横平竖直。

屮，像草木破土而出、初生的样子，有茎叶。在篆书写法中，其笔画弯曲柔和；隶变楷化后，弯曲的笔画被拉直。

木，在篆书中，上部是"屮"，下部形似树根；隶变楷化后，弯曲的笔画被拉直。

屮　木

朝，在篆书中，字的左半部分，上下皆为"屮"，中间为"日"，表示太阳还在草丛中；右半部分为"月"。这种场景就是"朝"，新的一天中日月交替之时。上下两个"屮"的弯曲笔画拉直成一横。

壴，会意字，字形由"屮、豆"会义而成，意思为架设击鼓台，将鼓架立起，上端的装饰物就可以看见。"壴"上部的"屮"的弯曲笔画被拉直成一横。

未，字形是"木"上加"一"，"一"指事木上新发的嫩枝嫩叶。可食用的草木，其顶端的嫩叶味道最好，"未"即"味"。"未"上部的一横经篆书中的弯曲笔画拉直而得。

壴　未

"每""朱""生""制"等字的上部都是"屮"，隶变楷化后写作"𠂉"。

"左"，就是左手；"又"，就是右手。它们原本都是直观的象形字，如篆书"具"字的下部就是左右手相对。"左""右""有""寸"上部的一横就是"手"经隶变楷化拉直后形成的。

左　又　具

甫，会意字，字形采用"用、父"会义，"父"也是声旁。"父"，字形像"手"上持着一根杖。"甫"上一横是把"父"弯曲的笔画拉直后形成的。"甫",古代对男子的美称。

甫　父

丁,象形字,表示夏日万物都壮实。"丁壮"一词来源于"丁"的本义。在天干顺序中,丁承续丙,字形像人心。"丁"上一横也经过隶变楷化。

干,会意字,字形由"一"和倒过来的"入"会义而成。"入"的本义是进到内部。反"入",上犯之意。简体字"干"上部的一横也经过隶变楷化。

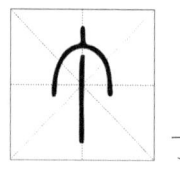

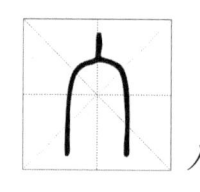

丁　入　干

(七)一横在上,作为字根或指事符号,表示唯一、一律、全部、一个标准、一个信仰、一种文化等

吏,会意兼形声字,字形采用"一、史"会义,"史"也是声旁。"吏",管理、治理百姓的人。治理百姓者,以"一"为体,以"史"为用。徐锴曰:"吏之治人,心主于一,故从一。""吏"上一横,可理解为心中的信仰、操守,一以贯之。

灭,会意字,由"火、一"会义而成。"一"在火上,全部被焚毁,无一幸存。"灭"上一横就是全部的意思。

吏　两

两,重量单位,二十四铢为一两。其字形以"一"为字根,"网"表示平分,也是声旁。"两"上一横表示统一的标准。

(八)一横在上,表示重复

再,字形采用"一"和有所省略的"冓"做边旁。"再",同一动作做两次。"再"上一横表示重复。

再

二、一横在中

一横在中的字有"毌""册""卅""甘""大""长""十""丈""古"等字。

（一）一横在中，像贯穿事物的绳子或利剑

毌，象形字，像用"一"横贯货物。"毌"同"贯"，穿、通，用丝绳把东西穿起来，便于存放拿取。"册""串"皆由"毌"变化而来，把"册""毌"竖起来就是"串"。

卅，把三个"十"贯穿合并起来。"卅"，中间一横表示横贯连接。

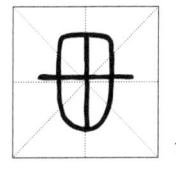

毌　　卅

（二）一横在中，是指事符号

甘，字形由"口"和指事符号"一"构成。"口"，嘴巴；"一"在这里指口中含的食物。"甘"，即"酸甜苦辣咸"五味中的"甜"。人们把五味中最可口之味叫作"甘"。

朱，字形是"木"中间加"一"。"木"中间的"一"是指事符号，指树干的内部。"朱"的本义是红心木，就是树心红色的树。

甘　　朱

（三）一横在中，是象形

大，天大，地大，人也大。所以，"大"字像人的形象。"大"上一横是隶变楷化后被拉直的笔画。在篆书中，"大"上一横形似正面站立的人张开的双臂。

大

(四) 一横在中，表示无限延伸

长，形声字，"兀、匕"做边旁，"亾"（亡）做声旁。"兀"，是高远的意思；"匕"，表示久则变化。"长"，时空久远。"长"中一横是"兀"的一横，在这里可以理解为无限延伸。

长

(五) 一横在中，代表东西方向

十，数目字。"一"代表世界的东西，"丨"代表世界的南北，"一"和"丨"相交成"十"，则表示东西南北中齐备。

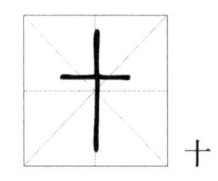

十

三、一横在下

一横在下的字有"旦""韭""立""上""本""且""辛""止""干"等字。

(一) 一横在下，指事符号，大多代表地

旦，字形是"日"下加"一"。"日"表示太阳，下面的"一"表示地平线。"旦"，表示太阳从地平线上升起，意思是早晨、天亮时分。

韭，字形是"非"下加"一"。"非"，生长着茎叶的草；"一"，表示土地。韭菜因一次种下后就可以一茬又一茬长久割取、久久收获而得名。

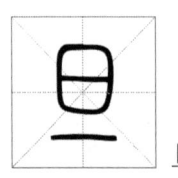

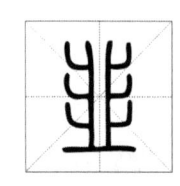

旦　　韭

立，字形是"大"下加"一"。"大"，两腿撑开、双臂平举的人；"一"代表大地。"立"就是站住的意思。

至，字形"鸟"下加"一"，像鸟从高处飞落到地面。"一"指地面。"至"的本义是到，"宾至如归""纷至沓来""无微不至"等词语的"至"均是"到"的意思。"至"还有极、最之意，如"至理名言""至尊""至亲""至交"等。

立　　　至　　　至（古文）

上，指事字，其下一横表示下面，上面部分是指事所在。

本，字形是"木"的下端加"一"。指事符号"一"在"木"之下端，由此形成的汉字"本"指树根，后泛指一切事物的根本。

本　　　辛　　　辛

辛，字形是"辛"下加"一"。"辛"是专门给犯人脸上刺字的锲刀，下面加指事符号"一"，表示锲刀刺入脸部。"辛"的本义是用锲刀给罪犯脸上刺字。

（二）一横在下，把笔画拉直

止，象形字，像草木生于地表，底部的一横是经隶变楷化后被拉直的，表示草木的根基。所以，古人用"止"表示"足"。

"一横"还可以表示数字：

一，代表数字的起始。《说文解字》释为："惟初太始，道立于一，造分天地，化成万物。"《广韵》释为："数之始。"其引申义众多："一模一样""一视同仁""心口如一"等词中的"一"是同一、一样的意思；"一心一意""唯一"等词中的"一"是专一、单一的意思；"一身是胆""终其一生"中的"一"是整体、全部的意思；"一去不返""一蹶不振""一文不值""一毛不拔"等词中，"一"与"不"搭配，有强调、夸张之意；"一学就会""一喝就吐""一推就倒"等短语中，"一"与"就"搭配，表示两件事在时间上前后紧接。

古，会意字，字形采用"十、口"会义。一代一口，十代十口，历三百年叫作"古"。"古"的本义是故事（口说前几代之事）。至今，粤人仍把讲故事叫作"讲古"。

百，会意字，字形采用"一、白"会义。"一"，表示数字。

千，字形采用"十、人"会义，或说是采用"十"为边旁，"人"为声旁。可将其简体字形看作"亻"加"一"。"一"，与数字有关。

万，繁体字"萬"，象形字，形似虫蝎。简体字"万"上部的一横与数字有关。

两　横

两横在汉字中的组合方式主要有：两横上下分开，两横叠在一起。

一、两横上下分开

两横上下分开的字有"丕""亘""五""亚""工""巫""互""车"等字。

（一）上面一横表示天，下面一横表示地

丕，字形中间是"鸟"，上下各有一指事符号"一"。"丕"字上部的一横表示天，下部的一横表示地。"丕"的意思是鸟飞翔其间的天地广阔无边。《说文解字》从形声字的角度来解释"丕"，认为"一"是形旁，"不"是声旁，把"丕"解释为大。但笔者认为，直接把表形旁的"一"解释为"大"，有些牵强。

亘，字形中间是"日"，上下各有一指事符号"一"。"亘"字中间的"日"表示太阳，上部一横表示天，下部一横表示地。"亘"的意思是太阳在天地之间升起又落下，循环往复，亘古不变。篆书"亘"的中间部分之形状有循环往复之意。

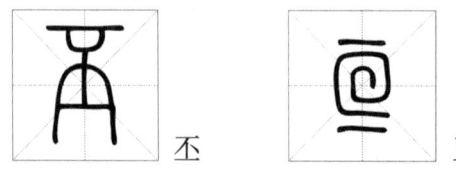

丕　　亘

五，阴阳两气在天地间交错。其篆体字中，"二"为字根，表示天地两极；"乂"代表阳气和阴气交错。

五　　　　　　　五（古文）　　　　　亚

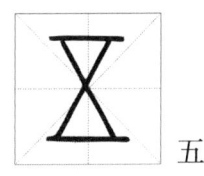

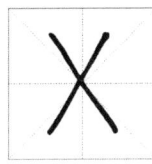

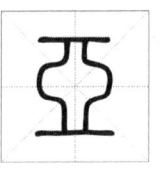

亚，繁体字"亞"，象形字，像两个人面对面地弓着背。"亚"的本义是丑态，与"恶"同义，有过错、遭人憎就是"恶"。贾逵以为"亚"表示次第顺序。"亚"上部的一横表示两个人的头部，下部的一横表示地面。"並"表示两个人一起站立着，而"亞"字描画的两人弓着身子，所以须把头部拉低，也就是将"並"上部的两点与其下一横重叠。

（二）上下两横分别代表高和低、上和下

工，象形字，像人手持规矩（圆规、直尺等工具）的样子。"工"的本义是精于、善于各种手艺、技能。"工"字的上下两横分别代表高和低。"巫"的造字思路与"工"相同。

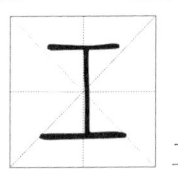

工　　　　　　　工（古文）　　　　　来

来，周代先人所接受的西域瑞麦。一支来麦有两支麦峰，像麦子的芒刺，是上天送来的宝贵礼物。"来"的上下两横指代麦穗的上下。

（三）上下两横分别代表左右或上下两头

互，异体字"𦀚"，字形像绞绳的工具，中间部分像人手推握的样子。"互"的上下两横代表这种工具的两头。横着放就是左右两头，竖着放就是上下两头。

车，字形像一根轴连着两个车轮，载着一个车厢。"车"的上下两横代表两头的车轮。

互　　　　　　　　　　　　　　　　车

二、两横叠在一起

两横叠在一起的字有"土""羊""夫""亏""于""戋"等字。

(一) 表指事

土，象形字，上方的一横像地表，下方的一横像地下，中间的一竖"丨"像植物从地底长出的样子。"土"是大地用以吐生万物的介质。

羊，字形上部是"入"的反身，下部为"二"。"入""一"为"干"，"入""二"为"羊"。

羊　　　　夫　　　　亏

夫，字形采用"大"做边旁，其上一横表示成年男子头上的发簪。古代男子成年后加冠会用到发簪，所以"夫"的本义是成年男子。周代的长度制度，将八寸算作一尺，将十尺算作一丈，而成年男子身高达到八尺丈把，故称成年男子为"丈夫"。

亏，就是於（简体字"于"），像气之舒也。"亏""于"的两横可以理解为上下，气从下往上升腾舒展开来。

(二) 表重复

戋，原本是由上下两个"戈"会义而成，简化后用"二"表示两个重复的"戈"。后来，"残"字逐渐代替了"戋"。徐锴曰："兵多则残也，故从二戈。"

戋

三　横

涉及三横的字主要有"王""生""丰""艳""耒""表""奉"

"泰""秦""奏""春""素""青""责"等。

一、三横，是指事

三横分别代表天、地、人。

王，"三画而连其中谓之王，三者，天、地、人也，而参通之者，王也。""王"的本义是古代的最高统治者。

生，字形下部像土，上部像草木从泥土中长出。"生"，发育进展。"生"最上面的一横是由"屮"字弯曲的笔画拉直而得的，下面的两横分别代表地下和地表。

丰，形似"生"字上下出头。"丨"下面出头，是因上盛者根必深。"丰"，草茂盛的样子。"丰"之三横的含义与"生"字一样。带有偏旁"丰"的字，如"艳"，表示花草茂盛、颜色亮丽。

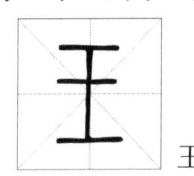

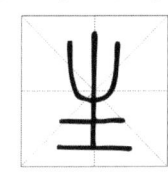

王　　生　　丰

二、三横，是象形

耒，农作犁地的工具，其三横就像工具的形状。"耕""耘""耙"等字皆有偏旁"耒"。

麦，字形采用"來"做边旁，表示有穗；也采用"夂"做边旁。"麦"，带芒刺的谷物，秋种厚埋，因此称为"麦"。麦，五行属金，所以其地理金王而生，火王而死。"麦"字中的三横是麦穗上麦芒的象形。

耒　　麦

三、三横，是"毛"的一撇和两横

表，字形由"毛、衣"会义而成，"毛"又兼作声符。古人穿皮衣，毛朝外，所以"表"从"毛"。"表"的本义是外衣。"表"字中的三横是"毛"字的一撇加两横。

四、三横，是隶变楷化后的变形

汉字发展经历的最突出的三个阶段是：小篆—隶书—楷书。隶化和楷化都是基于篆书的一次大的简化过程。在楷书中具有相同偏旁的字，在篆书中，其偏旁不一定相同。比如：楷书中同是春字头（"夫"）的"奉""泰""秦""奏""春"等字，在篆书中的写法如下：

奉　　泰 　　秦

奏　　春

楷书中同为"丰"字头的"青""素""责"等字，在篆书中的写法为："青"，上部是"生"，下部是"丹"；"素"，上部是"巫"，下部是"糸"；"责"，上部是"朿"，下部是"贝"。

青 　　素 　　责

魔幻的构造

文字是人类智慧的结晶，是文化产生的标志之一。汉字是最美的文字之一，承载了几千年的中华文化、华夏文明，与中国人民血肉相连。汉字呈二维平面型方块体，拼音文字则是由字母从左到右按照一维线性排列构成的。同样数量的偏旁，依据二维平面组合而成的文字在数量上比一维线性多出好几倍，汉字的书法艺术也就非线性文字可比了。正因为汉字具有的平面方块特点，所以汉字的结构丰富多彩，常见的合体汉字结构有左右、上下、内外、半包围、左中右、上中下等。汉字当中还存在许多拥有奇妙结构的字，如"凹凸""忐忑"等。

一、单独、成双、成三甚至成四组成的字

人、从、众
口、吕、品、品
日、昌、晶、晶
又、双、叒、叕
水、沝、淼、㵘（màn）
火、炎、焱、燚
土、圭、垚
木、林、森、森（pēng）
金、鉑（piān）、鑫
……

二、偏旁相同，因位置、结构发生变化而产生新字

呆，口在木上；杏，口在木下；困，口在木外；束，口在木中。
从，两人朝左；比，两人朝右；北，两人靠背。
杲，日在木上；東，日在木中；杳，日在木下。
吕，两口上下；吅，两口左右；回，两口内外。

昝，日在九下；晃，日在九上；旭，日在九尾。
本，一在木下；末，一在木上；朱，一在木中。
陪，阝在音左；部，阝在音右。
障，阝在章左；鄣，阝在章右。
另，口在力上；加，口在力右。

三、偏旁易位的部分异体字

异体字是指读音、意义相同但写法不同的汉字。有些异体字的偏旁不同，如：暖—煖、掃—埽、墙—牆；有些甚至字形完全不同，如：同—仝、庄—莊、夜—亱、絲—糸等；有些则偏旁相同，但偏旁所处的结构已发生改变，如：

非上衣下——裴，　非右衣左——袆，　非内衣外——裵；
言左司右——词，　言下司上——詞；
句左多右——够，　句右多左——夠；
支左羽右——翅，　支右羽左——翄；
衣左里右——裡，　衣外里内——裹；
人左山右——仙，　人上山下——仚；
君左羊右——群，　君上羊下——羣；
人左言右——信，　人右言左——訃；
安上木下——案，　安右木左——桉。

汉字构造，必谈"六书"。"六书"之名，最早见于《周礼·地官·保氏》。"六书"是古人在解说汉字的结构和使用方法时归纳出来的六种条例。实际上，古人并不是先有"六书"，再造汉字，因为汉字在商朝时已经发展得颇具系统，那时还未有关于"六书"的记载。"六书"大约成型于周代至汉代期间。当有了"六书"之后，人们再造新字，须以"六书"为依据。

东汉许慎在《说文解字》中对古文的构成规则进行了概括和归纳——象形、指事、会意、形声、转注、假借。象形、指事、会意、形声是造字法，转注、假借指的是后来衍生发展出的文字的使用方法，属于用字法。许慎《说文解字·叙》：

周礼八岁入小学，保氏教国子，先以六书：
一曰指事，指事者，视而可识，察而见意，上下是也；

二曰象形，象形者，画成其物，随体诘诎，日月是也；

三曰会意，会意者，比类合谊，以见指㧑，武信是也；

四曰形声，形声者，以事为名，取譬相成，江河是也；

五曰转注，转注者，建类一首，同意相受，考老是也；

六曰假借，假借者，本无其字，依声托事，令长是也。

直观的象形字

象形是一种最原始的造字方法，借助线条或笔画，把要表达的事物的外形特征具体地勾画出来。最初能够摹画其形的都是一些实在的事物，像"思想""思维""空气"等抽象名词就难以摹画，至于形容词、副词、介词等，就更难摹画了。所以，象形字的数量不多。东汉许慎的《说文解字》中总共收录9353个汉字，其中象形字364个。

我们熟知的"日""月""水""火""山""石""田""禾""川""伞""竹""刀""木"等字都是象形字。象形字大多是名词性的，也有少数是形容词，如"永"；动词，如"飞"；副词，如"非"；等等。器官性的象形名词，一般都是以人的器官形状为依据来造的，如"耳""手""目""止""面""首"等是以人类器官而非以某种动物器官来摹画的。

隹，象形字，其古文字形像鸟。"隹"的本义是短尾鸟的总称，但从"隹"的字一般并未明确指代短尾鸟，如"雉"。所以，古文字中的"隹"和"鸟"区别不大，看不出尾巴谁长谁短。甚至有学者认为，"隹"和"鸟"就是同一个字。甲骨文中，与鸟有关的字大多从"隹"。后来，"隹"被借用作发语词，从"鸟"的字遂逐渐增多。

隹　　鸟

飞，繁体字"飛"，象形字，像鸟展翅伸颈的样子。"飞"的本义是展翅翱翔。"非"则是由"飛"字下部表示"翅膀"的部分构成，采用左右两翼相背的含义造字，本义是违背。"卂"（xùn），形如篆书中去掉羽毛的"飞"字，去掉羽毛（从"飞"而羽不见）。"卂"的本义是疾飞而去。

飞  非

离，象形字，由"屮、禽头、厹"三部分构成。上部的"屮"像头上戴着冠；中间的"凶"表示禽头；下部的"厹"是鸟兽的足迹。"离"的本义是山神、猛兽。"禽"，走兽的总称，上部的"今"表示读音，下部则是删去"屮"的"离"字。现在对"禽"与"兽"的定义是：两足而羽谓之禽，四足而毛谓之兽。

离  禽

万，繁体字"萬"，象形字，本义是虫蝎。字的上部像蝎子的两只钳子，中部表示虫身，下部则像蝎子弯着的尾巴。

燕，象形字。"廿"像它钳形的口，"北"像它轻薄的翼，"火"像它枝杈状的尾。

鱼，繁体字"魚"，象形字，字形从上往下分别代表鱼头、鱼身和鱼尾。鱼尾与燕尾相似，所以"魚"字的底部与"燕"字一样，皆为"灬"。

万  燕  鱼

大，象形字，字形像撑开双腿、平举双臂的"人"。天大，地大，人亦大，所以"大"依据的是人的形象。

亦，象形字，字形像一个人垂挂着双臂。"大"是人，"八"表示双臂。"亦"的本义是人的腋窝或两肋，俗称"腋下""胳"。因此，衣服在腋下的缝合处叫作"袼"。

大  亦

子，字形像襁褓中的婴儿。古文"子"摹画的襁褓中的婴儿还有头发。

子　　　　　　　　　子（古文）

臣，象形字。"匚"即眼眶的侧面形状，"匚"中上下两条横线就像人的上下眼皮，"匚"内鼓起部分则代表眼珠。"臣"的本义是眼睛。如"覽""鑒""監""望"等字（简体字分别为"览""鉴""监""望"）都含有表示眼睛的偏旁"臣"，由它们组成的词语"展览""阅览""鉴定""鉴别""监视""监考""仰望""眺望"等都与"看、视"有关。

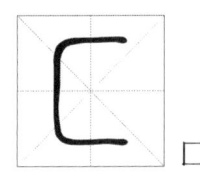

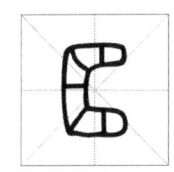

匚　　　　　　　　　匚（籀文）

首，象形字，就是我们现在所称的"头"，也写作"百""𦣻"。"巛"像头发。

首　　　　　　　　　首（古文）

目，象形字，字形像眼睛，突出眼瞳。

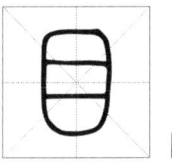

目　　　　　　　　　目（古文）

耳，象形字，字形像耳郭。

手，象形字，字形像五指张开的手。

耳　　　　　手　　　　　手（古文）

又，象形字，像右手的手掌部分和手腕。"又"就是右手，作为字的偏旁时，泛指手。

女，象形字，形似妇女。"女"，妇人。

母，象形字，字形是在"女"的基础上左右各加撇捺，就像双臂怀抱着孩子，又说形似母亲哺育儿女。简体字"母"的字形就像女性怀孕时的肚子，中间的两点代表母亲用辛勤的双手养育子女。"母"，牧也。"牧"即哺育。母亲对孩子的关爱在汉字"母"上得到了充分的体现。

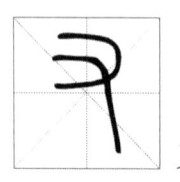

又　　　　女　　　　母

ナ，象形字，左手，即"左"；"又"是右手，反"又"为"ナ"。左右两手相对就是"廾"（弃、弄），四只手就是"共"。"左"在古时有辅助之意，相当于简体字"佐"。在篆书中，"左"字的上部就是"ナ"之字形。

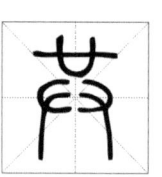

左　　　　共　　　　共（古文）

土，象形字，上面的一横像地表，下面的一横像地下，中间的一竖"丨"像植物从地底长出的样子。"土"是大地用以吐生万物的介质。

屮，象形字，中间的"丨"像草木从地底萌芽，"丨"两旁就像枝叶。"屮"的意思是草木初生。

吕，象形字，字形像两颗相连接（颗颗相承）的脊椎骨，中间的短竖像两骨节相连。简体字"吕"省略了中间的短竖。"吕"的本义是骨节。

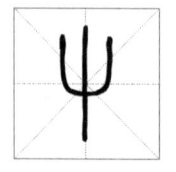

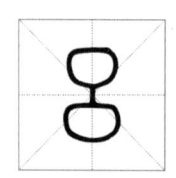

屮　　　　吕

垂，象形字，字形像草木花叶下垂的样子。在篆书中，其下加"土"，即有偏远边疆之义，如"边垂"。

朵，繁体字"朵"，象形字，木上之"乃"指奶，奶是哺乳动物的繁殖器官之一。植物的繁殖器官是花，就是朵。

去掉"土"的垂 　　　朵

斤，形似斧头，成语"运斤成风"之"斤"便是此义。以"斤"为偏旁的字，本义与斧头有关，如"所""斫""新""斩""析""斯"等（表读音的形声字除外）。如："斫"，用刀斧砍击；"析"，用刀斧将木头劈开；"所"，形声字，"斤"为边旁，"户"为声旁，指砍伐木头的声音。从"斤"的字还有"折""断"等，字义均与刀斧相关。

斤

鼎，三足两耳，是用来调和各种味料的宝器。"鼎"字下部是从当中破开的"木"，左边成"爿"，右边成"片"，表示剖开木头用以烧火煮饭。

鼎 　　木 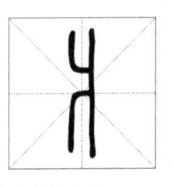　　爿 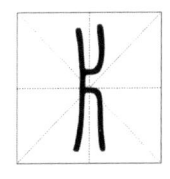　　片

川，象形字，在千山万壑间贯穿流通的河。

火，象形字，形似火苗。火光熊熊，气势向上，可以烧毁一切。五行之中，火代表南方。

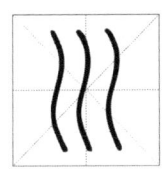

川 　　火

石，象形字，像石头在山崖之下。"口"，石块的象形。"石"就是山上的石头。

臼，象形字，像侧面剖开的凹臼。古人掘地为臼，后来随着生产工具的发展，又挖凿木石为臼。

石 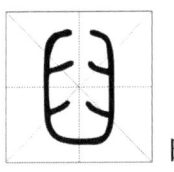　　臼 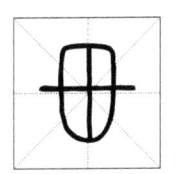　　毌

毌，象形字，像用"一"横贯货物。"毌"同"贯"，穿、通，用丝绳把东西穿起来，便于存放拿取。"册""串"由"毌"变化而来，把"册""毌"竖起来就是"串"。

可意会的指事字

指事也叫"象事""处事"，而指事字是用象征性符号或者在象形字的基础上添加点画性符号而造就的字。指事字可分为两类：一类是纯指事字，即全部用指事性的符号来表示，如"一""二""三""四"等。这类指事字可能来自原始的刻画符号。另一类是合体指事或加体指事，就是在象形字的某一部位加上点画性符号，以表明造字的意图所在。《说文解字》共收录9353个字，其中指事字125个。

纯指事字，具代表性的是表数字的几个汉字：一、二、三、四。

合体指事字，最常见的是在象形字的上部或下部加一横。加在字符上部的一横表示在物的上面，一般指天；加在字符下部的一横表示在物的下面，一般指地。

天，字形是"大"上加"一"。"大"指代站立的人，"一"表示天穹。有些著作把"天"归入会意字。笔者从合体指事字的概念出发，认为其也可归入指事字。

兀，字形是"儿"上加"一"。"儿"就是"人"，"一"表示平整；"一"在"人"上，表示高且平整。"兀"的本义是物体高而上部平坦。有些著作把"兀"归入会意字。笔者从合体指事字的概念出发，认为其也可归入指事字。

| 天 | 兀 | 不 |

不，字形是"鸟"上加"一"。"一"表示天，"一"下面的半圆形是鸟头，一竖表示鸟的身子，左右两弧线是鸟张开的双翅。"不"的本义是鸟张开双翅飞翔。古人用石块、投枪、网等工具狩猎飞禽，很多时候都会被机警的飞禽发现。飞禽受惊吓后，张皇失措地张开翅膀，"噗噗噗"地往天上飞。鸟朝向天空飞远，表示狩猎失败，没有成功，

这就是作为否定副词"不"的造字来历。"不"的读音也来源于鸟振翅飞走时发出的"噗噗噗"声。"不"与"噗"的韵母相同。《说文解字》中把"不"归入象形字，解释为鸟在高空飞翔，不降落。笔者从合体指事字的概念出发，认为它也可归入指事字。

丕，字形中间是"鸟"，上下各有一指事符号"一"。"丕"字上部的一横表示天，下部的一横表示地。"丕"的意思是鸟飞翔其间的天地广阔无边。《说文解字》从形声字的角度来解释"丕"，认为"一"是形旁，"不"是声旁，把"丕"解释为大。但笔者认为，直接把表形旁的"一"解释为"大"，有些牵强。

旦，字形是"日"下加"一"。"日"表示太阳，下面的"一"表示地平线。"旦"，表示太阳从地平线上升起，意思是早晨、天亮时分。

亘，字形中间是"日"，上下各有一指事符号"一"。"亘"字中间的"日"表示太阳，上部一横表示天，下部一横表示地。"亘"的意思是太阳在天地之间升起又落下，循环往复，亘古不变。篆书"亘"的中间部分之形状有循环往复之意。

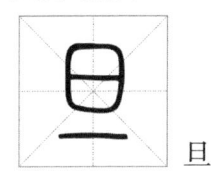

丕　　　　　旦　　　　　亘

韭，字形是"非"下加"一"。"非"，生长着茎叶的草；"一"，表示土地。韭菜因一次种下后就可以一茬又一茬长久割取、久久收获而得名。

立，字形是"大"下加"一"。"大"指代两腿撑开、双臂平举的人，下面的"一"代表大地。"立"就是站住的意思。

韭　　　　　立

末，字形是"木"上加"一"，"一"指事木上新发的嫩枝嫩叶。可食用的草木，其顶端的嫩叶味道最好，"末"即"味"。

朱，字形是"木"中间加"一"。"木"中间的"一"是指事符号，指树干的内部。"朱"的本义是红心木，就是树心红色的树。

本，字形是"木"的下端加"一"。指事符号"一"在"木"之下端，由此形成的汉字"本"指树根，后泛指一切事物的根本。

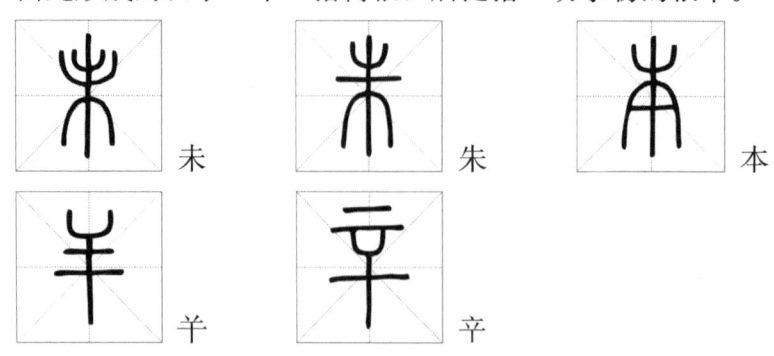

未　朱　本

羊　辛

辛，一种说法是："辛"是象形字，形似锥子，是古代专门用来给犯人脸上刺字的锓刀。所以，"辛"指代罪行、犯法、犯罪；另一种说法是："辛"由"二、干"会义而成，上面是"二"，下面是"干"。"二"源自"上"；"干"，侵犯；"二""干"合译为犯法。

辛，字形是"辛"下面加"一"。"辛"是专门给犯人脸上刺字的锓刀，下面加指事符号"一"，表示锓刀刺入脸部。"辛"的本义是用锓刀给罪犯脸上刺字。

辛　申

申，字形是"臼"的中部插入指事符号"丨"。"臼"，双手对合的样子；"丨"，表示伸展、伸长。"申"的本义是双手紧握某物，把它拉长。《说文解字》把它归入会意字。笔者从合体指事字的概念出发，认为其也可归入指事字。

由，字形是"丨"插在"田"中间。"丨"表示通向田间的道路。"由"的本义是路径，引申为经过、遵从、遵循等义。《论语》中有相应的例句：

季路，名仲由，字子路。

虽欲从之，末由也已。

视其所以，观其所由，察其所安，人焉廋哉？

礼之用，和为贵。先王之道，斯为美，小大由之。

刃，由"刀"字及一点构成。"丶"是指事符号，用来指代刀口。"刃"就是经过淬火的最锋利的刀口。

刃　　　　　甘

甘，字形由"口"和指事符号"一"构成。"口"，嘴巴；"一"在这里指口中含的食物。"甘"，即"酸甜苦辣咸"五味中的"甜"。人们把五味中最可口之味叫作"甘"。

父，字形由"又"及其上的"一短竖"构成。"又"是右手，"一短竖"像棍子、手杖。"父"的字形像一手举杖教训子女的样子。父亲是规矩的代表，是一家之长，是带领、教育子女的人。对于简体字"父"，笔者认为：上半部分是"八"，下半部分是撇捺交叉的"又"（"史"字下部撇捺交叉的偏旁也为"又"的变形，见篆书"又"字）。"又"是"手"，人身上的一切任务、使命、职责都要靠双手劳动来实现。"八"左右各一点，在字形上是为了对称，避免了篆书"父"在字形上因只拿一根手杖而不对称，也表示父亲手上主要有两项使命和职责，一是正己修身，注重身教，严格要求自己，以自己合乎道德规范的言行引领示范、直接影响下一代，时时事事做子女的表率；二是管教齐家，严格教育子女，使其身体茁壮成长，使其思想健康、世界观正确，使其掌握必备的知识技能。

父　　　　　又

有趣的会意字

会意也叫"象意"，是用两个或两个以上的字，依据事理加以组合，表示出一个新的意义的造字法。会意字可以分为两类：一类是用不同的字组合成的"异文会意"字，如"羊言善、吉言喜、止戈武、人言信、日月明、田力男、人木休、弓长张、小大尖、小土尘、不正歪、不好孬、不用甭、不大奀"等；另一类是由相同的字组合而成的"叠文会意"字，如"双木林、双人从、两犬狱、双玉珏、重土圭、重山出、重火炎、重川州、三木森、三人众、三口品、三牛犇、三车轟

（轟）、三耳聶（聶）"等。名词、动词、形容词、副词等词性的字都可会义而成。《说文解字》共收录9353个字，其中会意字1167个。

喜，会意字，字形由"吉、言"会义而成。"吉"，表示吉祥、喜庆、吉利；"言"，则指语言、言辞。"喜"，说一些吉利、赞美、激励的话，就会让听者内心愉悦。在字形结构上，"喜"以"吉"字作头，下半部分是"言"字，出于美观和谐的考虑，遂省略"言"顶部的"丶"，并把"言"字的三横缩小变形为两点、一横。

善，会意字，字形由"羊、言"会义而成。"羊"是人类圈养的温顺的动物。"羊言"就是羊的叫声，温和可人，不似熊咆、龙吟、狮吼、虎啸、狼嚎等猛兽的叫声让人胆战心惊，闻声色变。这也是不择其他猛兽的叫声，而以"羊言"造"善"字的原因。在字形结构上，"善"以"羊"字作头，下半部分是"言"字，出于美观和谐的考虑，遂省略"言"顶部的"丶"，并把"言"字的三横缩小变形为两点、一横。

张，《说文解字》把它作为形声字来解释，"弓"为边旁，"长"为声旁。笔者认为，"'长'亦声"更妥，"长"既做声旁，也可表义。从会意字的角度来看，"张"由"弓、长"会义而成，把"弓"拉长、引长、绷紧，自然是张弓准备射箭。相对应地，"弛"就是将弓弦复原放松。"张"，将弦系在弓上；"弛"，将弦解下。《礼记》："张而不弛，文武弗能也；弛而不张，文武弗为也；一张一弛，文武之道也。"

李，字形由"木、子"构成，"子"亦声。现代通用的是"木、子"作上下结构的"李"，古时则有写作左右结构的"杍"。从会意字的角度来理解"李"，"木、子"自然是树上结的果子；而从形声字的角度来理解，"木"是形旁，"子"是声旁。"木"做形旁的形声字，大多跟树木的种类或者木料有关。所以，笔者更赞同把"张""李"作为会意字来理解，至少作为会意兼形声，而不能单纯作为形声字。

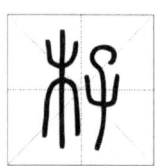

张　　李　　杍

帚，会意字，字形采用"又、巾、冂"会义。"又"是手，整字表示一人手持布巾在冂内打扫。

妇，会意字，字形采用"女、帚"会义，表示女人持帚在家洒扫。

帚 　　　妇 　　　威

威，会意字，字形采用"女、戌"会义。"戌"，斧钺。女子与斧钺结合，其实是取斧钺的权力象征意义。《说文解字》："威，姑也。"

史，会意字，字形由"中、又"会义而成。"中"，表示记录客观公正；"又"，即手。"史"，从"又"持"中"，表示手持公正，记事以事实为依据，不偏不倚。"史"的本义是宫中负责记录重大事件的官员。春秋时期，齐国权臣崔杼弑齐庄公。齐太史伯秉笔直书："崔杼弑其君。"崔杼又杀太史伯。太史仲、太史叔仍如实记载，最后也被崔杼杀了。崔杼以此威胁太史季，让他将庄公的死因改写为暴病而亡。太史季却说："据事直书，是史官的职责，失职求生，不如去死。"崔杼只得罢手。春秋时期的史官，头可断，历史真相不可乱。太史家的人，有骨气，有操守，令人敬佩。

看，会意字，字形由"手"和"目"会义而成，表示把手放在眼睛上方，作远望状，就像手搭凉棚的样子。

若，会意字，字形由"艸、右"会义而成。"艸"表示草本类植物，这里指蔬菜；"右"与"手"有关。"若"的本义是择拣菜蔬、择菜。另一种说法认为，"若"是"杜若"，一种香草。

看 　　　若

印，会意字，字形由"爪、卩"会义而成。"印"，执政者所持的信物，即公章、印玺。

反，会意字，字形采用"又、厂"会义。"又"，手；"厂"，像手掌翻转的样子。"反"的本义是翻转手腕。

兴，会意字，字形采用"舁、同"会义。"舁"，四只手（众人）共举；"同"，表示大家齐心协力。众人合力举起就是"兴"。

魔幻的构造

129

攸，会意字，字形采用"亻、丨、攵"会义。"亻"，人；"丨"，拐杖；"攵"，手。"攸"的本义是老人拄杖慢行，或小心地过河。"攸"的小篆从"水"。

孝，会意字，字形采用省略了"匕"的"老"和"子"会义，字形表"子承老"。"孝"的本义是善于侍奉父母长辈。

教，会意字，字形采用"孝、攴"会义，本义是"上所施，下所效也"，"教效"叠韵（同部叠韵的可以互训）。"孝"，善于侍奉父母长辈，其字形寓意"子承老"，即晚辈效仿长辈。"攴"，长辈展示正确的做法，手把手教。上施故从"攵"，下效故从"孝"。

夏，会意字，字形采用"頁、攵、臼"会义。"頁"（页），人首（头）；"臼"，双手；"攵"，双足。"夏"字是一个由头、手、脚正向组成的字，头、手、脚俱全，代指正派正统的人。"夏"的本义是中原之国的人，用来区别于北方狄、东北貉、南方蛮闽、西方羌、西南焦侥、东方夷。"夏"的引申义是"大"。

字，字形采用"子、宀"会义，"子"也做声旁。"宀"表示房子。"字"的本义是生育。

辵，会意字，字形采用"彳"和"止"会义，乍行乍止，又解释为循道疾行也。隶书写成"辶"，或说"辵"与"辶"是异体字，和"足、疋、彳"三个偏旁相通相似。

行，字形由"彳、亍"会义而成。"彳"，象形字，像人的大腿、小腿和足三部分相连的样子，本义是小步走。"亍"，"彳"的反身，本义是停下脚步。"彳",小步也。"亍",步止也。"行"的本义是"人之步趋也"。"步",行也;"趋",走也。即快走、慢走、小跑都属于行。《尔雅》:"室中谓之时,堂上谓之行,堂下谓之步,门外谓之趋,中庭谓之走,大路谓之奔。"后来,"行"引申出巡行、行列、行事、德行等意思。"行"做名词时可解释为贯通四方的大道。

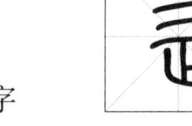

字　　　走　　　行

夷,会意字,字形采用"大、弓"会义。"大",像站立的人;"弓",东方部落擅长使用的一种武器。"夷","人"背着"弓"站立,本义为平定,又指东方部族,是古代中国(中原)对居住在东边少数民族的称呼。南方蛮闽从虫,北方狄从犬,东方貉从豸,西方羌从羊,西南僰人、焦侥从人。

雀,会意字,字形由"小、隹"会义而成,一般指麻雀。

集,异体字"雧",会意字,字形采用"隹、木"会义,指群鸟聚在树上。

夷 　　　雀 　　　集

闯,会意字,字形由"门、马"会义而成,马在门中,像马冲出城门的样子。马冲出城门,最先露出的是马头。韩退之诗句"喁喁鱼闯萍"的"闯"就是出头的意思。马冲出城门,极速突然,"闯"遂引申为突兀惊人之义。

狀(yín),会意字,字形由两"犬"会义而成,本义是两条犬在相互狂吠噬啮。

狱,繁体字"獄",会意字,字形采用"狀、言"会义。"獄"表示以言论相互争斗,即诉讼、打官司。

闯　　　狀　　　狱

珏，会意字，字形由两块"玉"会义而成。"珏"就是两块玉合在一起，二玉相合为一珏。

班，会意字，字形由"珏、刀"会义而成。两块玉中间夹一把"刀"，表示把作为信物的瑞玉切分成两半。中间的"刀"缩小变形。

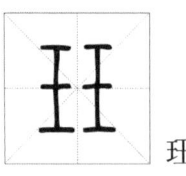

珏　班

州，会意字，字形采用两个"川"会意，指水中可供人居住的陆地。

莫，会意字，"日"在"茻"中。"莫"的本义是傍晚，后被借用来表示否定副词"莫"。于是，古人在"莫"字的下面再加一个"日"，另造"暮"字来表示傍晚。

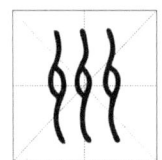

州　莫

曳，会意字，字形由"申、乙"会义而成。"申"，双手抓住牵拉；"乙"，像草木弯曲。"曳"，抓扯对方的头发，让对方疼痛地弓着身子（引之为冤曲）。

曳　尘（籀文）　益

尘，繁体字"塵"，会意字，字形由"麤、土"会义而成，表鹿群奔行时扬起的如烟似雾的粉状细土颗粒。简体字"尘"，字形采用"小、土"会义，小土、扬土就是尘。

益，会意字，字形采用"水、皿"会义。"皿"是盛水的容器。"益"字上部的"水"横卧，表示水从器皿中溢出来。"益"的本义是富饶有盈余。

里，会意字，字形由"田、土"会义而成。有田有土而可居也。"里"本义是里居、邑居，即居住的地方。五家为邻，五邻为里。

男，会意字，字形由"田、力"会义而成，意思是男子在田间劳动耕作。

里　男

坚，会意字，字形采用"臤、土"会义，表示堡垒牢固。简体字"坚"的基本义是坚硬、坚固，如"坚不可摧""坚甲利兵"。"坚壁清野"的"坚"为形容词使动用法。"坚"还常常形容人精神顽强、态度坚定，如"坚强""坚毅""坚守"等。

青，会意字，字形采用"生、丹"二字会义。"生"，长出；"丹"红色的，这里指火。五行之中，"木"属东方，木生火；"青"是具有东方特征的颜色。

坚　青　炙

古，会意字，字形采用"十、口"会义。"十、口"表示一代代口口相传，所传的都是经典的传说故事。"古"的本义是故旧，表示能记忆先贤圣语的人。

炙，会意字，字形采用"月、火"会义。"月"是"肉"的变形，生肉放在火上，意为烤肉、炮肉。

相，会意字，字形采用"木、目"会义，表示爬上树木远眺。

屰，即"逆"，会意字，字形由"干、屮"会义而成。"干"，上犯、冒犯；"屮"，凹陷、陷阱。"屰"的字形就像地面塌陷，陷于其中。"屰"的本义是不顺。

寡，会意字，字形采用"宀、颁"会义。"颁"，变形移位，左右结构改为上下结构，表示分授田地房屋等资产，所以有"少"的意思。"寡"，稀少。

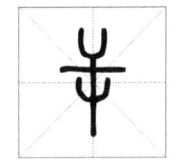

屰　寡

析，会意字，字形采用"木、斤"会义。"斤"，斧头。"析"，用刀斧将木头劈开，使木头一分为二。"分"字上部的"八"也有左右分离、分开之意，可与"析"组成词语"分析"。

戍，会意字，字形采用"人、戈"会义，"人"字的撇捺变形为撇点。"戍"，守卫边境。

伐，会意字，字形采用"人、戈"会义，"人"字变形为"立人旁"，像人手持戈。"伐"，击杀，击刺。一种说法认为，"伐"是"毁坏"的意思。

戍　　伐

役，会意字，字形采用"殳、彳"会义。"殳"，兵器。"彳"，巡行。"役"，戍守边疆，引申为凡抽调的劳务差使均为"役"。

制，会意字，字形采用"刀、未"会义。"刀"，裁衣工具；"未"，即"味"，初生的草木之嫩芽味道极好，这里的意思为物成有滋味，可裁断。

役　　制

弄，会意字，字形采用"廾、玉"会义，从"廾"持"玉"。"廾"，双手对举。"王"是"玉"的变形。"弄"的本义是赏玩玉石。

蜀，字形由"目、勹、虫"会义而成。一种说法是，"虫"指蚕虫，"目"像蚕虫的头，"勹"像蚕虫蛹蛹的身子，"蜀"的本义是蚕。另一种说法是，"虫"指蚕虫；"目"指眼睛，表示人们在养蚕时要时刻关注其状况；"勹"指房子，虫在"勹"中，即饲养蚕虫。在古代，四川的养蚕业相对发达，所以人们就把四川叫作"蜀"。"蜀"字上部的"目"因为字形结构不宜太长而横卧变形。

𡋗（坐），会意字，字形采用"土"和省略了"田"的"留"会义。"土""留"都是止息的地方。"坐"，停下休息。

蜀　　𡋗（坐）　　坐（古文）

望文生义的形声字

形声也叫"象声""谐声",是比较晚起的造字方式。形声字是表义的形符和表音的声符组成。早期甲骨文中的形声字还比较少。在后期的甲骨文中,形声字约占 20%。由于这种造字方式的适应性强,非常灵活,所以,在汉字发展中,形声得到了最广泛的运用。《说文解字》共收录 9353 个字,其中象形字 364 个,指事字 125 个,会意字 1167 个,其余的都是形声字。

形声字的组合方式很灵活,可以左形右声、左声右形、上形下声、上声下形、外形内声、外声内形,也可以声符或形符只占字形的一小部分。如:"胜"(勝),形符是"力",声符是"朕";"宝"(寶),声符是"缶",形符是由"宀""王""贝"组成的会意字。

形声造字法极大地扩充了汉字的数量,也有助于学习者和使用者更好地理解汉字。比如:由"木字旁"构成(或偏旁中带有"木")的字,如"松""柳""杨""杉""板""材""杖""桌""床"等,一般都与树木、木材有关;由"氵"构成的字,如"洲""沐""浴""淋""湿"等,意思大都与水有关;由"禾苗旁"构成的字,如"秕""种""颖""稻""秧"等,一般都与庄稼有关;由"钅"构成的字,如"钢""铁""锹""镐""钨""银""铜"等,一般都与金属有关;由"鱼字旁"构成的字,如"鲢""鳙""鲤""鲮""鲨""鲸""鲩""鳅""鳝"等,一般都与鱼有关……要注意的是,形声字的声旁一般不表义,如形声字"远""近"中的"元""斤"都是声旁,不参与字义。

瑰,从"玉","鬼"声。一说是指玉珠完好圆浑,一说是指一种次于玉的石头。"玫瑰",本义是很漂亮的玉石,后引申为花名,以突出这种花如玫瑰玉石一般美丽。现在甚少有人知道"玫瑰"一词的来历,如果能从"斜玉旁"的角度去发掘,定能为玫瑰花添上一层历史底蕴和文化意味。

翡、翠,形声字,形旁都为"羽",说明跟飞禽有关。《说文解字》:"翡,赤羽雀也。翠,青羽雀也。"翡翠鸟的羽毛有两种颜色,雄鸟为红色,称"翡";雌鸟为绿色,叫"翠"。"翡翠"一词现在通常指一种缅甸硬玉，但其本义是一种翠鸟。基于形声字可望文生义的特点——由表示读音的声旁和表示意义的形旁构成，去拆分考虑，也就豁然开朗了："翡"是形声字，"非"表示读音，"羽"表示意义，禽的毛发谓之"羽"；同理，"翠"是形声字，"卒"表示读音，"羽"表示意义。

蛩、跫，形声字，字形相似，读音相同。两字的意思区别明显，"虫"为形旁的，一说为蟋蟀，一说为蝉蜕，一说为一种兽；"足"为形旁的，表示脚步声。

然，形声字，"火"做边旁，"肰"做声旁。"蘸"是"然"的异体字，采用"艸"做边旁，"難"做声旁。"然"，烧烤。有人认为，"然"是会意字，根据会义字形，指狗肉汤。

蛩　　然

尽，繁体字"盡"，形声字，"皿"做边旁，"煑"做声旁。"皿"，盛放物品的一种器皿。"盡"（尽），盛器内的东西被全部掏空。

律，形声字，"彳"做边旁，"聿"做声旁。"律"指均衡广布于万物之中的真谛，或为推行之意。

律　　存　　在

存，形声字，"子"做边旁，"才"做声旁。"存"，体恤而关切。

在，形声字，"土"做边旁，"才"做声旁。"在"，存也，存于某处。

境，形声字，"土"做边旁，"竟"做声旁。"境"，边疆。在古籍中，"境"通用为"竟"。"竟"，会意字，字形采用"音、儿"会义。乐曲终止叫作"竟"，引申为事物完结，又引申为土地边界，即疆界。后来在"竟"的左边添上"提土旁"，明确表示疆界、边界，这就是"境"的本义，如国境、边境等。"境"又由疆界引申出地方、区域之义，如仙境、人境等。"境"也可以表示事物达到一定程度，如佳境。"境"还可以表示状况，如处境、困境、窘境等。

填，形声字，"土"做边旁，省略了"页"的"颠"做声旁。"土"，泥土；"真"，是"颠"的省略，表示跌倒、头着地，即死后入土。"填"，本义是传统的下葬仪式，在棺柩落入墓坑后培土。

忍，形声字，"心"做边旁，"刃"做声旁。"忍"的本义是能耐。

境　　填　　忍

悟，形声字，"心"做边旁，"吾"做声旁。"悟"，内心获得深知。

觉，形声字，"见"做边旁，省略了"子"的"学"做声旁。"觉"，悟也，或说指发现。

悟　　觉　　岁

岁，繁体字"歲"，形声字，"步"做形旁，"戌"做声旁。"岁"，年、年龄。

新，形声字，"斤"做边旁，"亲"做声旁。"新"，劈柴。

斯，形声字，"斤"做边旁，"其"做声旁。"斯"，析也，破篾。《诗经·陈风·墓门》曰："墓门有棘，斧以斯之。"

新　　斯　　惊

惊，繁体字"驚"，形声字，"马"做边旁，"敬"做声旁。"惊"，马骇，马遇警而嘶鸣。其简体字的形旁和声旁亦符合"六书"。

冻，形声字，"冫"做边旁，"东"做声旁。《说文解字》引段玉裁注："冻，仌也。初凝曰仌，仌壮曰冻。又于水曰冰，于他物曰冻。故月令曰：水始冰，地始冻。"

布，形声字，"巾"做边旁，"父"做声旁。"布"，麻织品。简体字"布"可以作为会意字来理解，字形由"ナ、巾"会义而成。"ナ"，即"又"，就是手；"巾"，布帛。"布"，用手编织成的布帛。

冻

布　父　又

常见的转注字

在"六书"中，转注和假借属于用字法，而非造字法。关于转注，由于许慎对其的定义十分简单——"转注者，建类一首，同意相受，考老是也"，且《说文解字》九千余字中亦未指出哪些是转注之字例，所以，后世对转注的确切意义莫衷一是，尚无定论。比较有代表性的观点当推戴震、段玉裁，他们认为转注就是互训，即意义相同或相近的字互引解释。笔者进一步认为，转注指的是两个有着同类偏旁或者声韵相同或相近的字，它们意义相同，且可互为解释。

玩—弄，这两个字拥有相同的偏旁——玉。"玩"，弄也；"弄"，玩也。二字互为转注。"玩弄"是指把赏、欣赏玉器，赏玩玉石。

玩　弄

存—在，这两个字拥有相同的偏旁——才。"在"，存也；"存"，在也。二字互为转注。"存在"是体恤关切、体察的意思。

存　在

完—全，这两个字虽没有相同的偏旁，但偏旁相似——"宀"与"人"都是屋顶交接处的象形；这两个字也有相同的韵母——"uan"。"完"，全也；"全"，完好。二字互为转注。

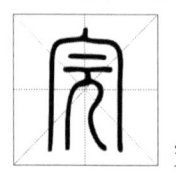

完　全

考—老，这两个字拥有相同的偏旁——"老"（"考"是由省略了

"匕"的"老"做形旁，以"丂"做声旁），也有共同的韵母——"ao"。"考"，老也；"老"，考也。二字互为转注。

考 　老

仌—冻，这两个字拥有相同的偏旁——仌。"冰"，冻也，像水凝之形；"冻"，仌也。二字互为转注。

颠—顶，这两个字拥有相同的偏旁——页，也有相同的声母——"d"。"颠"，顶也；"顶"，颠也。"颠""顶"都是头顶的意思，引申为最高、至上。二字互为转注。

氐—下，这两个字拥有相同的指事符号——"、"。在小篆字体里，它们的指事符号为"一"。"氐"，下也；"下"，氐也。二字互为转注。

氐 　下

觉—悟，"悟"也作"寤"，这两个字的偏旁相近——冖、宀，韵母也相近。"觉"，悟也；"悟"，觉也。二字互为转注。

觉 　悟

其他常见的转注字还有"仄—倾""煎—熬"等。

假借用字法

假借也属于用字法，是指本来没有这个字，根据需要，借用读音相同或相近的旁字来代替还没有被造出的这个字。比如，表示分发之义的字尚未被造出，但口语中已有此用法，读作"bān"，于是就假借本义是大头的"颁"表示此义；"我"的本义是古代的一种兵器，后来人们想用"wǒ"来表示第一人称，但没有对应的字，于是借用"我"。

随着时间的流逝,"我"字的本义消失了,只留下了借义。这就是"六书"中的假借用字法。

还有一种情况是,有些字虽已经被造出,但不被人们接受,人们习惯用读音相同或相近的另一个字来代替该字,这也是假借用法。比如"瘮寐"的"瘮"表示晚上睡着后做梦,但人们不习惯用此字,或者嫌这个字太难写,经常借用意思为"不明"的"夢"字来代替。久而久之,"瘮"这个字就被弃用了。

其,象形字,本义为簸箕。因为一些代词或表示委婉、反问语气的副词的读音与"其"相同,且古人没有另行为它们造字,而是直接借用"其"字代替,所以,"其"除了本义"簸箕"外,又充当代词和语气副词等。

韦,繁体字"韋",形声字,"舛"做边旁,"口"做声旁。"舛",左右相背的两条腿。"韦"的本义是相违背。"韦",现在一般用作姓氏,或指兽皮(多为牛皮),但此用法不常见。作为兽皮之义的"韦"(韋),其本字应为"围"(圍),兽皮可以作为束带,把那些杂乱、弯曲、相违背的树枝等围绕捆绑起来。"韋"是"圍"的假借字,时间长了,"韋"字得到通用,而本字"圍"却慢慢被弃用了。

韦　　　围

要,其甲骨文形似一位身姿曼妙的女子双手叉腰站着。"要"的本义是人的腰部。后来,"要"被假借作其他含义,比如需要、重要等,人们便在"要"字左边加一"月"字,以"腰"字专指人的腰部。

要　　　要(古文)

完,形声字,"宀"做边旁,"元"做声旁。"完",保全。古文把它假借为"宽"字。

汉字的因形释义

汉字的引申义、比喻义等都是从它的本义衍生出来的，所以，掌握汉字的本义可以帮助我们更好地理解汉字。通过分析汉字的字形结构来解释其本义是一种十分有效的方法，笔者称这种方法为"因形释义"。汉字"六书"分为四种造字法和两种用字法，均可因形释义。

象形字的因形释义

象形是一种最原始的造字方法。原始人类由于生产、生活的需要，画图记事、结绳记事，逐渐创造了文字。传说黄帝命仓颉造字，仓颉近取诸身、远取诸物，描摹天上星宿、地上山川以及鸟兽器具等的形状，终成文字。用线条或笔画，把要表达的物体的外形特征具体地勾画出来，就是象形。

心　　手　　自

耳　　目　　口

万，繁体字"萬"，象形字，本义是虫蝎。字的上部像蝎子的两只钳子，中部表示虫身，下部则像蝎子弯着的尾巴。

万　　飞　　离

飞，繁体字"飛"，象形字，像鸟展翅伸颈的样子。"飞"的本义是展翅翱翔。"非"则是由"飛"字下部表示"翅膀"的部分构成，采用左右两翼相背的含义造字，本义是违背。

离，象形字，上部的"亠"（屮）指代禽兽头上的冠，中间的"凶"表示禽头，下部为"厹"。厹，鸟兽的足迹。"离"的本义是山神、猛兽。

但是，象形文字存在一定的局限性，很难摹画抽象事物和部分实体事物。于是，以象形字为基础，汉字发展成表意文字，增加了会意、指事、形声等造字方法。然而，这些新的造字方法仍须以象形字做基础，拼合、减省或增删象征性符号。因此，对于大多数的指事字、会意字、形声字，是可以根据其字形或结构来推断它们的意义的。

指事字的因形释义

指事是用象征性符号或者在象形字的基础上添加点画性符号来造新字。这些字让学习者看了就能识别，仔细分析就能知道其意义。如："本"是在"木"字下方加一短画，指明是树木的下部；"末"是在"木"字上方加一短画，指明是树木的顶部，即末梢；"朱"是在"木"字的中间加一短画，指明是树干的中间，本义是红心木。

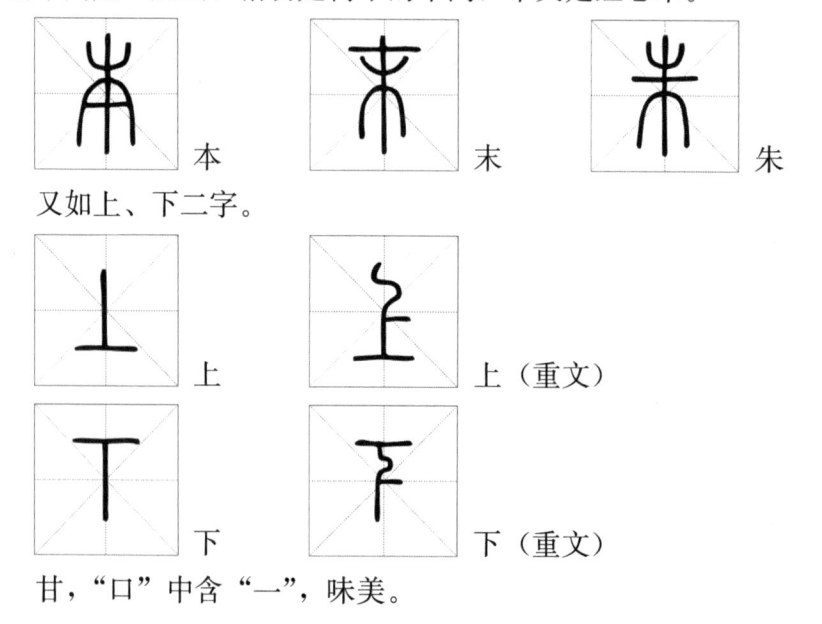

本　　　　末　　　　朱

又如上、下二字。

上　　　　上（重文）

下　　　　下（重文）

甘，"口"中含"一"，味美。

甘

由，"田"字中间插一竖。"丨"是指走向田间的道路。"由"的本义是路径、经历、遵循。如《论语》中的"虽欲从之，末由也已""视其所以，观其所由，察其所安""小大由之"等的"由"字均为此义。

会意字的因形释义

会意，即组合两个以上的字来表示一个新的意义。我们可以充分利用会意字"比类合谊（义），以见指㧑"的结构特点来分析一些字的本义。

料，量也，从"米"在"斗"中。段玉裁注："米在斗中，非盈斗也。视其浅深而可料其多少，此会意。"

尘，繁体字"塵"，字形采用"鹿、土"会义，表示鹿群奔行时扬起的如烟似雾的粉状细土颗粒。

忘，字形采用"心、亡"会义，"亡"也做声旁，本义是不记得。

辵，字形采用"彳、止"会义，乍行乍止，也可解释为循道疾行也。

宋，居所。字形采用"宀、木"会义。"宀"，表示房屋。

宗，尊祖祭祀的庙堂。字形采用"宀、示"会义。"宀"，表示房屋；"示"，祭祀。

安，娴静。字形采用"宀、女"会义，表示屋下有女。

定，安稳。字形采用"宀、正"会义。

守，官吏的职责。字形采用"宀、寸"会义。"宀"，表示官府；"寸"，表示法度。

则，均等分割财物。字形采用"刀、贝"会义。"贝"，财物；"刀"，分割。

毓，是"育"的异体字。"每"，母亲头戴花环；字形右上部是倒过来的"子"，因为小孩子在母亲肚子里都是头朝下倒立

辵

守

的；右下部是"川"，代表生产时的羊水。"毓"字形象地展示出母亲生育生产时的情景。"毓"，生育、养育。另有一种说法认为，"每"，草茂盛的样子，养之则盛。

竝，并排站立。字形采用两个"立"会义。

炎，火光上腾。字形采用重"火"会义。

从，异体字"從"，听从、采纳，相跟随。字形采用两个"人"（脸朝左）会义。

比，相从密切。两人相随构成"从"字，反写"从"字遂成"比"。"夶"，这是"比"的古文。

北，违背。字形采用两个背靠背的"人"会义。

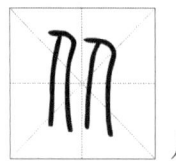

　　　从　　　　　比　　　　　北

品，众庶万民。字形采用三个"口"会义。人三为众，故从三"口"。

猋，急速奔跑离去。字形采用三"犬"会义。

聂，繁体字"聶"，贴着耳朵悄悄说话。字形采用三个"耳"会义。

形声字的因形释义

衡，形声字，"鱼"做边旁，"行"做声旁。"衡"的本义是秤。称秤时，秤杆横于前，所以"衡"又借作"横"用，如"合纵连衡"。车厢前的横木也叫作"衡"。《说文解字》释"衡"：字形采用"角、大"做边旁，用"行"做声旁。"衡"是牛角上的横木，因为有些牛脾性暴躁，喜欢用牛角抵触人或物造成损失，所以人们在牛角上绑上横木，使之不能直接抵触人或物。

曳，形声字，"申"做形旁，"丿"做声旁。"曳"，双手抓着拖曳。

刊，形声字，"刀"做形旁，"干"做声旁。"刊"的本义是削、刮。"不刊之论"比喻不能改动或不可磨灭的言论，一般用来形容文章或言辞精准得当，无懈可击。

衡　　　　曳　　　　刊

　　基于象形、指事、会意和形声创造的汉字，均可采用因形释义的方法分析它们的本义。转注和假借属于"六书"中的用字法。"转注者，建类一首，同意相受"，一样可以因形释义；假借字，只要清楚其本字，也同样可以因形释义。

　　我们学汉字，最要紧的就是根据汉字的偏旁和结构，追根溯源、因形释义，掌握字的本义，并了解该字的引申义、比喻义。小时候学"闻"字，笔者先入为主地以为"闻"只有"嗅"的意思，久而久之，形成思维定式，于是学习诗句"处处闻啼鸟"时，难以理解。其实，在学生初学"闻"字时，老师只需说明"闻"以"门"表音，以"耳"表义，本义为"听"。常用此义的有"喜闻乐见""闻过则喜""耳闻目睹"等。后来，"闻"才有引申义"嗅"。这样，我们从小对汉字的理解就会完全不同了。

　　诚然，多数汉字可根据偏旁推断其意义，譬如：从"口"的字，大多与嘴相关联。但"石"字从"口"，却与"嘴"无关。"石"，从"厂"（岸），"厂"（岸）下之"口"乃石头的象形。与此类似，"叶"之"口"是树叶的象形。所以，我们从偏旁入手了解汉字的意义时，不能一概而论，对有疑问的汉字，还是应该查一查工具书。再如"淫"，右上部为"⺤"，是甲骨文中"雨"字的简写，我们不能望文生义，想当然地认为是"手"的变形。

　　随着汉字的发展和社会风俗一变再变，特别是经过隶变楷化，汉字字形的显义功能被削弱，许多字的音形义之间的联系也不再一目了然，需要经过一定的分析才能得出，更有一部分汉字的字形与字义之间已经失去了联系。

　　不过，因形释义仍是学习、掌握汉字的重要方法之一，它能让我们更好地认汉字、析汉字、品汉字，从而爱汉字。但对部分字形显义功能差的汉字，我们要注意多查工具书，养成好学、多问、多思的好习惯。

"中"满神州

——汉字中的"屮"

乾隆拆字戏大臣

乾隆皇帝擅长对对联,且常借此戏人。一次,他乔装改扮,与张玉书在酒楼上饮酒。席间,他借着酒兴,指着一姓倪的歌姬出了上联"妙人儿倪氏少女",要张玉书接对。这上联是"妙""倪"二字的拆字联,张玉书一时苦思莫对。

歌姬在一旁随口答道:"大言者诸葛一人。"将"大""诸"二字拆开。乾隆大为赞赏,命张玉书赐酒三杯。不巧,酒已喝完,倾壶也只滴出几点。

歌姬见此,笑着对乾隆说:"'水凉酒一点两点三点',下联请先生赐教。"上联既暗含前三个字的偏旁,又冠以数字。乾隆对不出下联,窘得面红耳赤。幸好此时楼下走过一个卖花人,张玉书灵机一动,代言道:"丁香花百头千头万头。"才算为他解了围。据说,打那以后,乾隆皇帝再也不轻易用对联戏人了。

"丁香花百头千头万头",这些所谓的"百头千头万头"就是笔者接下来要说的"屮"。

屮,象形字,中间的"丨"是茎,两边像枝叶嫩芽。"屮"就是草木初生的样子。草木从地里萌发生长出来,用汉字依次表示为:正在艰难破土时是"才",刚刚破土而出时是"屮",进一步生长的嫩芽状态是"屮",继续向上生长时是"出",基本成型时是"宋"。"屮"就是半个"草字头"。一个"屮"、两个"屮"、三个"屮"、四个"屮"都可构成汉字。"屮"字左右两边的笔画在篆书写法中弯曲柔和,经隶变楷化后则一般被拉直,整体字形大多变形为"十"。"每""朱""生""制"等字的上部都是"屮",经隶化楷变后变成了"𠂉"。

一个"屮"

由一个"屮"构成的汉字有"木""未""朱""本""制""屯""每""毒""生""丰""青""素""熏""禾"等。

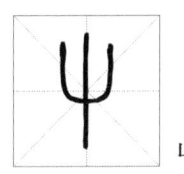

屮　　　木

木，在篆书中，上部是"屮"，下部像树根；隶变楷化后，弯曲的笔画被拉直。

未，字形是"木"上加"一"，"一"指事木上新发的嫩枝嫩叶。可食用的草木，其顶端的嫩叶味道最好，"未"即"味"。

朱，字形是"木"中间加"一"。"木"中间的"一"是指事符号，指树干的内部。"朱"的本义是红心木，就是树心红色的树。

本，字形是"木"下加"一"。指事符号"一"在"木"下，表示位置在树的下部。树木的下面部分就是"本"，即树根，泛指一切事物的根本。

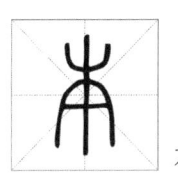

未　　　朱　　　本

制，会意字，字形由"刀、未"会义而成。"刀"，裁衣工具；"未"，物成有滋味。"制"，裁断。还有一种说法认为"制"是"止"的意思。

制　　　制（古文）

屯，字形是"屮"往上贯穿"一"。"屮"，草木的嫩芽；"一"，表示地面，像草木初生时艰难冲破地面的样子。"屯"，刚柔始交而难生，生长艰难。

屰，即"逆"，会意字，字形由"干、屮"会义而成。"干"，上犯、冒犯；"凵"，像"凵"，凹陷、陷阱。"屮"的字形就像地面塌陷，陷于其中。"屮"的本义是不顺。

每，形声字，"屮"做边旁，"母"做声旁。"每"的上部为"屮"的变形，表示草木从泥土里生长出来。《左传》"原田每每"就是指原野上的草木繁密茂盛。在"每"字的甲骨文写法中，下部不是"母"，而是"女"（"母"比"女"只多一撇一捺），所以，有部分学者认为"每"指女子头发盛多。

每 　　母 　　女

生，会意字，字形采用"屮、土"会义。"生"，像草从泥土里长出，发育生长。

丰，字形是把"生"字上下贯通。"丰"，草茂盛的样子。上盛者根必深，所以要把"生"上下贯通。"丰"的引申义为丰盛、丰满。

熏，会意字，字形采用"屮、黑"会义。"屮、黑"会义，表示烧烤植物来熏黑物体。"熏"，火苗、烟雾向上冒出，烤黑物品。

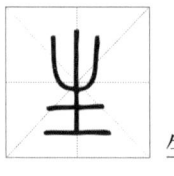

生 　　丰 　　熏

禾，二月开始生长，八月成熟，处四季之中，得阴阳之和，所以被称为禾（和）。篆文"禾"字，下根上叶，顶上弯垂为穗，本义是小米。小米初生而弱曰苗，长成而壮曰禾。以"禾"为偏旁的字一般与庄稼有关，如"稻""穗""秕""种""稷""黍"等。表示时间的"秒""季（年）""秋"等字的偏旁都含"禾"，其本义也与"禾"有关。"禾"字的上部就是一个"屮"。

禾

支，会意字，字形采用"屮、又"会义。"屮"在这里指代半竹之形；"又"是手。"支"，从"手"持半竹，本义是指脱离竹茎的竹枝，引申指植物的枝茎，后来为此义造专字"枝"。

支　　支（古文）

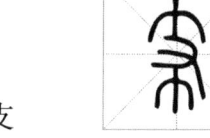

两个"屮"

朝，在篆书中，字的左半部分，上下皆为"屮"，中间为"日"，表示太阳还在草丛中；右半部分为"月"。这种场景就是"朝"，新的一天中日月交替之时。上下两个"屮"的弯曲笔画拉直成一横。

出，象形字，像草木向上生长。简体字"出"像两个"屮"上下叠在一起。"出"的本义是长出、长进。

两个"屮"一般左右并列成"艸"，现在简写成"艹"。

蓝，形声字，"艸"做边旁，"监"做声旁。"蓝"，用来染青的草。

蓬，形声字，"艸"做边旁，"逢"做声旁。"蓬"，艾蒿。成语"蓬户瓮牖"指用蓬草编成的门、破瓮做的窗户，形容穷苦人家的简陋房屋；"蓬生麻中"指蓬草夹生在直挺的麻秆中，不扶自直，比喻在良好的生长环境里，自然会受到好的影响。

出　　蓝　　蓬

荜，同"筚"（篳），形声字，"竹"为边旁，"毕"为声旁。"筚"，本义是用荆条竹木之类编成的篱笆。成语"蓬门荜户"指用草、树枝等做成的门户，形容穷苦人家的简陋房屋；"蓬荜生辉"形容贵客来访，令主人感到增光不少。蓬荜，编蓬草、荆竹为门，形容穷苦人家。

菜，形声字，字形采用"艸"做边旁，"采"做声旁。"菜"，百草中可以食用的植物。

筚　　菜　　蒋

蒋，形声字，"艸"做边旁，"将"做声旁。"蒋"，古书上的一种菰类植物，即茭白。

药，形声字，"艹"做边旁，"樂"做声旁。"药"，用以治病的草木。

苍，形声字，"艹"做边旁，"仓"做声旁。"苍"，本义是草的颜色，引申为青黑色。苍生，草木所生之处，后指老百姓。

英，形声字，"艹"做边旁，"央"做声旁。"英"，开花而不结果的草。一种说法认为，"英"是黄色的花蕊，引申为精华，如"含英咀华"。

药　　苍　　英

艺，从"艹"，最初应该是指培育庄稼的农业技艺，后引申出工艺、手艺之义。

苦，本义是一种药草，即黄药，因味苦而得名。

萃，形声字，"艹"做边旁，"卒"做声旁。"萃"，草丛生的样子，引申为人或物聚集。

苦　　萃　　竹

竹，象形字，冬生艹也。以"竹"为偏旁的字大都与竹子、竹制品有关。"竹"字形就像倒过来的两个"屮"。

从"艹"而非草的字有：

黄，《说文解字》释为"地之色"。流沙河根据"黄"的甲骨文和金文的写法，将其释为"身体壮伟肥大"。

蒦，下部的"隹"是鸟，中间两个并排的"口"是鸟睁大的双眼，上部的"艹"非草，而是禽鸟头上的毛角。所以，从"蒦"的字的本义与草无关，如"鹳""灌""罐""瑾""獲"等。

梦，繁体字"夢"，流沙河根据其甲骨文字形推断，"夢"字"目"上的两钩或三点，作为符号，暗示"快眼动睡眠"。

"劳""萤""莹""荥"等字，上部的"艹"其实是"炎"的变形，繁体字写作"勞""螢""瑩""榮"。上下结构的"炎"位于字的上端时，会使整体字形过长，于是变形为左右结构。后来的简化字不知何原因，将其统一改成"艹"了。

三个"屮"和四个"屮"

三个"屮"成品字形结构，单独成字的只有"卉"。

卉，会意字，字形由"艸、屮"会义而成。"卉"，草的总称。

四个"屮"构成的汉字有"茻""莫""莽""葬"以及以它们为偏旁的字。

茻（mǎng），四个"屮"构成的会意字。"茻"，众草，丛生的蕨类。

莫，会意字，"日"在"茻"中。"莫"的本义是傍晚，后被借用来表示否定副词"莫"。于是，古人在"莫"字的下面再加一个"日"，另造"暮"字来表示傍晚。

卉 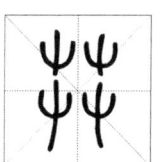　茻 　莫

莽，会意字，字形采用"犬、茻"会义，"茻"也是声旁。"莽"的本义是犬跑到草丛中逐兔，后来假借为草丛。

葬，会意字，字形采用"死"做边旁，像是死者被埋在茻中；字形中的"一"表示死者身在其中，所以要培土植草掩盖他。"葬"，埋藏。

寒，会意字，字形采用"宀、人、茻、仌"会义。"宀"，房屋；"人"在房屋里；"茻"表示用草褥垫盖；"仌"是"冰"的古文，表示天气冷、水结冰。"寒"，冰冷。"寒"底部的两点是"仌"的变形。

莽 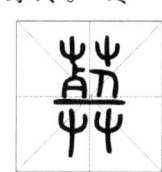　葬 　寒

表示房屋的偏旁

鸟有巢，兽有穴，原始社会时期的人类也需要一个躲避风雨、防止猛兽侵袭的安身立命之所。能为个体、家庭和族群提供庇护的场所，就是房屋。当时能够遮蔽风雨的无非是天然的崖岩山洞和人工搭建的茅棚，以崖岩为代表的偏旁有"厂""广"等，以人工搭建的茅棚为代表的偏旁有"户""人""宀"。

厂

山石形成突出的山崖，崖下可居人。"厂"是山崖的象形，也是房屋的雏形，所以由偏旁"厂"构成的字一般都与房屋有关（形声字除外），如：高楼大厦的"厦"字、厅堂的"厅"字、厢房的"厢"字、厨房的"厨"字、马厩的"厩"字等。

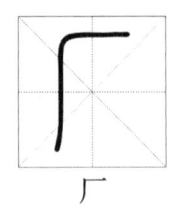

广

广，字形与"厂"相似，其上一点就像崖（厂）上有屋。

库，会意字，字形采用"广、车"会义，像是车在屋下。"库"的本义是收藏兵车战甲的建筑，引申为储存货物的房屋。

废，形声字，"广"做形旁，"发"做声旁，字义落在形旁"广"上。"废"的本义是房屋倒塌，或倒塌的房屋。词语"废弃""废物""作废""废止""废旧"等都与"废"的本义有关。

庖，形声字，"广"做形旁，"包"做声旁。"庖"的本义是厨房。

庞，形声字，"广"做形旁，"龙"做声旁。"庞"的本义是高大的房屋，引申为高大、多等意思，如"庞然大物""庞杂"等。

废　　庖　　庞

廉，形声字，"广"做形旁，"兼"做声旁。"廉"的本义是窄小的房子。

庇，形声字，"广"做形旁，"比"做声旁。"庇"的本义是遮蔽、掩护。

廉　　庇

庠，形声字，"广"做边旁，"羊"做声旁。"庠"，古代地方学校。

庶，会意字，字形由"广、廿、火"会义而成，或说由"广、芡"会义而成。"芡"，"光"的异体字。"广"，房屋，与"灬"搭配，就是烧火的房屋，本义指烧火蒸煮；因烧火煮饭是奴隶的事务，故引申为奴隶，后泛指百姓、平民，又引申为众多、繁多；烧火煮饭的地方都在旁侧之屋，故又引申为宗族的旁支、非正妻所生之子；庶子与嫡子相近，故又引申为庶几、差不多。

庠　　庶

其他如"庵""庙""府""序""庐"等含"广字头"的字都与房屋有关。当然，也有一些带"广字头"的简体字与房屋无关，如"床（牀）""庄（莊）""应（應）""庆（慶）"等字。

户

户，其甲骨文字形像一扇门，本义指单扇的门，引申为房屋的出入口。

房，正室两侧的旁室。堂屋之内，中间的是正室，左右的是房，即平时所说的东房、西房。

启，会意字，字形采用"户、口"会义。"户"，半扇门；"口"，洞开的样子。"启"的本义是打开门、门开着。

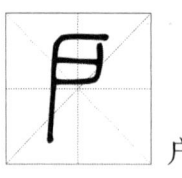

户　　房　　启

∧

∧，三面合围，形似屋顶两面相接。"∧"，表示房屋。房屋可遮风、挡雨、蔽日，是人员集中之所，因此，"∧"的引申义为集中、聚集。"亼"是"∧"的异体字。

余，会意字，字形由"∧、木"会义而成。"∧"表示房屋，"木"表示树木。"余"的本义是搭在大树上的简陋的茅草房。《说文解字》："余，语之舒也。从八，舍省声。"认为余为形声字。

余　　舍

舍，会意字，字形采用"∧、中、口"会义而成。"∧"，人员集中之所；"中"，形似从下往上看时房屋的剪影；"口"，像版筑（垒墙的工具）的形状。《周礼·地官》："凡国野之道，十里有庐，庐有饮食；三十里有宿，宿有路室，路室有委；五十里有市，市有候馆，候馆有积。"在古代，一市之间有三庐一宿，那些馆、庐、宿即市居。市居不是买卖的场所，而是旅客止步休息、集结住宿之地，称作"舍"，相当于现在的酒店、宾馆。

宀

宀，形似屋顶两坡相交覆盖的房屋。"宀"最早出现在甲骨文中，意思是屋顶。由其构成的汉字一般与房屋有关：①直接表示住所，如"家""室""宅""宫"等。②与房屋有关的形容词，如："宽"，能够看见横梁的房屋，表示很宽敞；"富"，家底厚实，所需皆备。③与房屋有关的动词，如"寄""宿"等。④与房屋相关的其他字，如"客""实"等。

家，形声字，"宀"做边旁，省去了"叚"的"豭"做声旁。"家"的本义是住所。

宇，形声字，"宀"做边旁，"于"做声旁。"宇"的本义是屋檐。

牢，会意字，字形采用"牛"和省略了两点的"冬"会义。用"冬"省做边旁，是取其四周封闭之义。"牢"的本义是牛住的房子，牛马圈。

家　　　宇　　　牢

客，形声字，"宀"做边旁，"各"做声旁。"客"的本义是寄居在他人家里。

宋，会意字，木头造房，用于居住。

安，会意字，女子在屋里，意为娴静。

客　　　宋　　　安

宗，会意字，"宀"表房子，"示"表祭祀。"宗"的本义是尊祖祭祀的庙堂。

实，繁体字"實"，会意字，字形采用"宀、贯"会义。"宀"代表房子，"贯"代表财货宝贝，合意为家里堆满财物。"实"的本义是家里殷实富有。

宠，形声字，尊贵的居所。

宗　　　实　　　宠

宝，繁体字"寶"，形声字，指家藏的珍品。

宵，形声字，本义是深夜。

表示房屋的偏旁

宰，会意字，"宀"代表房子，"辛"像刻刀或凿子。古时遇人犯罪，官府会在犯人的面部刻上字符。"辛"，表示有罪之人。"宰"的本义是有才能的罪人在屋下管理事务以赎罪。

宝　　宵　　宰

寓，形声字，寄居。"厲"是"寓"的异体字，可见"广"与"宀"相通。

寓　　厲

奥，繁体字"奧"，从"宀"，"羍"声。"奥"的本义是房屋的西南角，与"宛"同义。房屋西南角是古时祭祀设置神主或尊长居坐之处，故"奥"引申为深邃之义。房屋西南角属于幽深处，故有"堂奥""深奥""古奥""奥妙""奥秘""奥博"之词。

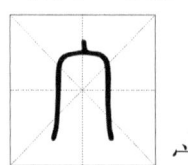

宀　　奥　　向

向，会意字，采用"宀、口"会义。"宀"，房屋；"口"，窗户的象形。"向"，本义为朝北开的窗子。

"聪"字巧析

简体字"聪"的字形结构，巧妙地诠释了聪明人的必备条件和要求：字形左部的"耳"，强调要善于倾听，多方听取大家的意见，做到耳听八方；右部上端的两点是一对眼睛，是指要集中注意力仔细观察，做到眼观四路；右部中间的"口"，是指要能说会道；右下部的"心"，是指要仔细看，用心思考、细心体会。

耳①

耳朵旁，除"耳"外，还包括双耳朵和单耳朵，双耳朵又分为左耳朵和右耳朵。

一、"耳"

耳，象形字，形似耳郭。"耳"，负责听音的器官。

声，繁体字"聲"，形声字，"耳"为边旁，"殸"为声旁。"声"的本义指敲击悬磬发出的声音，后泛指各种声音。

聪，繁体字"聰""聦"，形声字，"耳"为边旁，"怱"为声旁。"聪"就是至察至明。

联，繁体字"聨""聯"，会意字，字形采用"耳、丝"会义。"耳"表示耳朵与脸颊相连，"丝"表示像丝线一样不中断。"联"的本义是相连。古代打仗，以割取敌人的首级（人头）多少来给战士记战功。首级大而重，携带不便，就改为割取敌人的左耳。"丝"是绳子，"联"就是用绳子

---

①"聪"字的各偏旁中，偏旁"口"详解见本书166页"'赢'字巧析"部分，偏旁"心"详解见本书204页"三心四火五月"部分。

把割取来的耳朵串连起来。

职，繁体字"職"，形声字，"耳"做边旁，"戠"做声旁。"耳"表示善听长官吩咐。"戠"既做声旁，也参与字义，表示牢记。唯牢记才算善听，"职"的本义是善听。同理，"識"（识），唯牢记才算知了识了。

耻，繁体字"恥"，形声字，"心"做边旁，"耳"做声旁。羞愧乃心有所惭而生，故从"心"；又以耳为司听闻之器官，人每因闻过而耳赤面热，故从"耳"声。"耻"就是脸红、耳发烫，内心羞愧。

联

职

耻

听，繁体字"聽"，甲骨文字形像一只耳朵介于许多嘴巴之间。口有所言，耳得之而为声，其得声之动作则为聆听。"听"，聆也；"闻"，知声也。

聊，形声字，"耳"做边旁，"卯"（liú）做声旁。"卯"，形似漏斗插入容器口。"留""柳"等字也以"卯"为声旁。"聊"的本义是耳鸣。

听

聊

二、左"阝"

左耳朵"阝"乃"阜"之变形。含偏旁"阜"（左耳朵）的字一般与地点有关，如：阴，山之北、水之南；阳，山之南、水之北。

阜，形声字，像没有石头的大土山。"阜"，土坡、土山。

陟，会意字，字形采用"倡阜、步"会义。"阝"（阜）表山坡，"步"是左右两只向上的脚印。"陟"的本义是登高、登山坡。

阜

陟

降，与"陟"正好相反，"步"是左右两只向下的脚印，从山坡一步步走下来。

隙，从两道山坡（崖）之间透过的阳光。"隙"的右半部分，中间是"日"，上下像"小"的字形其实是日光的象形。

除，形声字，"阜"做边旁，"余"做声旁。"除"，台阶。"除""阶""陛"意思相近。

阶，繁体字"階"，形声字，"阜"做边旁，"皆"做声旁。"阶"，台阶。

陛，形声字，"阜"做边旁，"坒"做声旁。"陛"，皇帝的宝座与臣子朝拜活动的场所之间相隔的玉砌台阶。

阡陌，田间的小路。东西方向的通路为"陌"，南北方向的通路为"阡"。

隅，形声字，"阜"做边旁，"禺"做声旁。"隅"，山角。"日出东南隅"，即太阳从东南角方向升起。

三、右"阝"

右耳朵"阝"乃"邑"之变形。含偏旁"邑"（右耳朵）的字一般与城有关，如"郭""都""邦""郊""部""郡"等。

邑，上部的口指方形的城，邑下部的巴形似人跪坐着，代表人。《说文解字》解释为：邑，会意字，字形采用"口、卪"会义。口，国界或围城的形状；公、侯、伯、子、男有尊卑高下之异，所管辖的地域有大小之分，所以字形采用"卪"做边旁。"邑"，小邦国。

鄙，形声字，"邑"做边旁，"啚"做声旁。邦之所居曰国，都之所居曰鄙。

郊，形声字，"邑"做边旁，"交"做声旁。距离国都百里的幅地为郊区。

邑　　鄙　　郊

郡，形声字，"邑"做边旁，"君"做声旁。周代的行政区划制度是，天子拥有的土地纵横千里，分为一百个县，每个县有四个郡。到秦朝初年，在全国设置三十六个郡，用来监管属下的各县。

祁，形声字，"邑"做边旁，"示"做声旁。"祁"，本义为地名，也用作姓，后借用以表示大、众多等义。

郑，繁体字"鄭"，形声字，"邑"做边旁，"奠"做声旁。"郑"的本义一般认为是周代诸侯国之一的郑国，后人以地为姓，发展出郑姓。

郡　　祁　　郑

四、"卩"

单耳朵是"卩（㔾）"，含偏旁"卩（㔾）"的字一般与信符、节止有关，如"危""印""却"等。

卩（㔾），像相合之形，本义是用玉制成的一种信符、节止。守国者用玉卩，守都鄙者用角卩，使山邦者用虎卩，士邦者用人卩，泽邦者用龙卩，门关者用符卩，货贿用玺卩，道路用旌卩。

危，会意字，字形采用"厃、卩"会义。"厃"，表示人在崖上；"卩"，节制，制止。"危"，人在高处而恐惧，引申为可怖、害怕。

危　　印　　却

印，会意字，字形采用"爪、卩"会义。"爪"，手持；"卩"，信符。"印"，执政者所持的信物，即公章。

却，繁体字"卻"，形声字，"卩"做边旁，"谷"做声旁。"却"，节制并使它退却。

目

"目",象形字,表示眼睛。由横着的"目"构成的字,常见的有"蜀""曼""蔑"等。其他横着的"目",大多是"网"的变形。

由竖着的"目"构成的字,常见的有:

"目"在左的有"瞌""睡""眠""睁""眨""眼""睛""睑""眶""睚""眦""睹""瞟""盼""眯""睬""瞒""瞅""瞧"等字,"目"在右的有"相""钼"等字,"目"在下的有"看""省""眉""睿""瞥""盲""眷""督""盾"等字,"目"在上的有"瞿""鼎"等字。

一、竖"目"

睹,形声字,"目"做边旁,"者"做声旁。"睹",看见。"睹"的异体字是"覩",字形采用"见"做边旁。

盼,形声字,"目"做边旁,"分"做声旁。"盼",眼睛黑白分明。《诗经》"美目盼兮"有睁着美丽的大眼睛之意。

睹　覩　盼

规,繁体字"規",会意字,字形采用"夫、见"会义。"夫",成年男子;"见",观摩。"規"的本义是初涉社会的后生向长辈学习,用心观摩。古人称圆的标准为"规",方的标准为"矩"。"规矩"就是法度。

规

相,会意字,字形采用"木、目"会义。"相"的本义是木匠观察一段木料。"伯乐相马""术士相面"等的"相"字均表示观察。

觅,繁体字"覓",会意字,字形采用"手、见"会义。"觅",寻求,就是找东西。

看,会意字,字形由"手"和"目"会义而成,表

相

示把手放在眼睛上方，作远望状，就像手搭凉棚的样子。

看　瞢

瞢，会意字，字形采用"苜、旬"会义。"苜""旬"都是眼睛不明之义。"瞢"，眼睛不亮。

省，会意字，字形采用"生、目"会义。"生"，草木。"省"，用眼睛观察草木，本义指查看、观察。

直，会意字，字形采用"乚、十、目"会义。"直"，正视前方。其甲骨文字形为"目"上加一竖，表示目视前方。徐锴说："'乚'，隐也。今十目所见是直也。"

直　直（古文）　见

睿，会意字，字形采用"叔""目"和省略式的"谷"三形会义。"睿"，看得深远，深明真相，智慧通达。

见，繁体字"見"，会意字，字形采用"目、人（儿）"会义。

视，繁体字"視"，形声字，"见"做边旁，"示"做声旁。"视"，瞻望、瞻看。"瞻"与"视"的区别是："瞻"是临视，而"视"则不必都临。

视　视（古文）　视（古文）

二、横"目"

蜀，字形由"目、勹、虫"会义而成。一种说法是，"虫"指蚕虫，"目"像蚕虫的头，"勹"像蚕虫蜎蜎的身子，"蜀"的本义是蚕。另一种说法是，"虫"指蚕虫；"目"指眼睛，表示人们在养蚕时要时刻关注其状况；"勹"指房子，虫在"勹"中，即饲养蚕虫。在古代，四川的养蚕业相对发达，所以人们就把四川叫作"蜀"。"蜀"字上部的"目"因为字形结构不宜太长而横卧变形。

蜀 　　　梦 　　　蔑

梦，繁体字"夢"。"艹"代表左右眼的睫毛；"艹"下面是横卧的"目"，表示闭目睡觉；"冖"表示房屋；"夕"表示晚上，合译为晚上闭着眼睛睡在家里。古人善于观察，发现人在做梦的时候，睫毛会不停地抖动。"夢"字由此而造。

蔑，会意字，字形由"苜、戍"会义而成。"苜"指人劳倦时眼睛无神。"戍"由"人、戈"会义而成，指守卫边疆的士兵。他们在艰苦的条件下日夜巡逻，自然劳累。"蔑"的本义是疲劳的眼睛没有神采。为使字形结构紧凑美观，"苜"字下部的"目"横卧变形。

曼，上部是"冒"，下部是"又"，因字形叠加时显得太长，于是把"冒"下半部分的"目"横卧变形。"又"是手，"冒"表示目上蒙着东西。"曼"的本义是用手把蒙着眼睛的东西拿开。

众，繁体字"眾"，字形采用"乑、目"会义。"乑"，三"人"的组合变形。"眾"，表人数众多。"眾"上部的"目"横卧变形。

曼 　　　眾

言

言，形声字，"口"做边旁，"辛"做声旁。直说叫"言"，论争辩驳叫"语"。很多与言相关的字，都采用"言"做边旁。"言"作为偏旁，主要有"言""讠"两种形式。

一、"言"

"言"作为偏旁，位于汉字的下部或右部时，写作"言"，如"詈""誓""訇""訛"等。

詹，会意字，字形采用"厃、八、言"会义。"厃"，高，这里指多；"八"，就是分，言多故可分也。"詹"的本义是话多，唠唠叨叨。

信，会意字，字形采用"人、言"会义。"信"的本义是诚实不欺。凡诚实之言，都显质朴，无雕琢纹饰，即所谓："信言不美，美言不信。"

譬，形声字，"言"做边旁，"辟"做声旁。"譬"的本义是告诉，使明白。

詹 　　　信 　　　譬

誉，形声字，"言"做边旁，"與"做声旁。"誉"，称赞。

誓，形声字，"言"做边旁，"折"做声旁。"誓"，用以约束自己行为的咒语、诺言。

詈，会意字，字形采用"网、言"会义。"网"，罪人。"詈"，大声叫骂。

誉 　　　誓 　　　詈

二、"讠"

"言"作为偏旁，位于汉字的左部或中间时，写作"讠"，如"辩""论""讲""话""语""谈""计""谋""认""识""诉""讼""讥""谓""说""试""许""译""谊""诣""诺""请""调""课"等。

讨，会意字，字形采用"言、寸"会义。"言"，表示奉旨或奉命令行事；"寸"，法度。"讨"的本义是治，即奉命令去讨伐有罪的人，或者有了纠纷、动乱，奉命去治理整顿，相当于"讨伐"，引申出征伐、发动攻击等义。

让，繁体字"讓"，形声字，"言"做边旁，"襄"做声旁。"让"的本义是责备，责备与语言有关，故从"言"。如《史记·项羽本纪》"二世使人让章邯"，秦二世派人责备章邯。在现代汉语中，"让"一般表示退让、谦让、转让等意思，已不再表示责备。

设，会意字，字形采用"言、殳"会义。"殳"，一种有棱无刃的长兵器，从"殳"表示驱使人，让人去做。"殳""言"合译，表示以言使人。"设"的本义是布置、安排。

讨 　　让 　　设

谤，字形采用"言、旁"会义，"旁"也兼做声旁。"旁"，表示一旁、侧面。"谤"的本义是从旁边议论别人的短处，即诋毁。

该，形声字，"言"做边旁，"亥"做声旁。"该"的本义是军中戒约，即军队中约束警告士兵的条约戒令。

谆，形声字，"言"做边旁，"享"做声旁。"谆"，细致详明地祷告，或者反复地叮嘱，使人记住、明白。

谤 　　该 　　谆

诣，形声字，"言"做边旁，"旨"做声旁。"言"，询问；"旨"，想法、思想。"诣"，本义是拜访讨教，寻求见解。

谑，形声字，"言"做边旁，"虐"做声旁。"言"，评说；"虐"，猛兽残杀生灵。"谑"，本义是用语言践踏、嘲弄他人。

讼，形声字，"言"做边旁，"公"做声旁。"讼"，争辩。一种说法认为，"讼"表示歌颂。

诣 　　谑 　　讼

"赢"字巧析

拆字，又称"测字""破字""相字"等，是中国古代一种推测吉凶的方式，主要做法是以汉字加减笔画，拆开偏旁，打乱字体结构，然后据此推断。现在，拆字则成为一种有趣的游戏，但拆字所发挥的意义并非该字本来所有，只是拆字者借题发挥而已，切勿以为是字的本义。

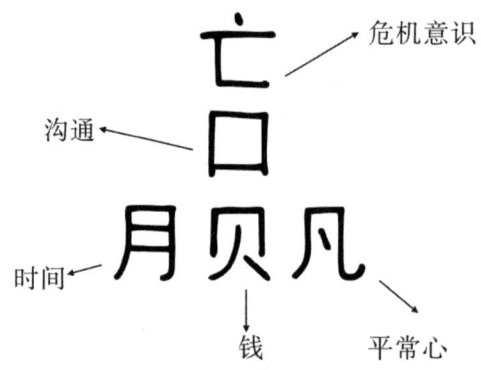

```
        亡 ← 危机意识
沟通 → 口
     月 贝 凡
时间 ↗  ↓   ↘
       钱   平常心
```

"赢"字由"亡""口""月""贝""凡"五部分组成。"亡"，代表危机意识；"口"，代表沟通，指能说会道；"月"，代表时间，指珍惜时间、勤奋有为；"贝"，代表财富，指有金钱意识，善于理财；"凡"，代表心态，凡事都要用一颗平常心看待。

"赢"字各偏旁，笔者主要分析"口""月（日）"和"贝"。其中，偏旁"月"详见本书204页"三心四火五月"部分。

口

先看两则与"口"有关的拆字趣闻：

考生题联讥主考

据说清乾隆年间，直隶学政吴省钦主持乡试。此人胸无点墨，又贪赃受贿，录取不才。于是，落第生员愤然在考场门口题了一联予以讽刺。上联：少目焉能评文字；下联：欠金安可望功名。横批：口大欺天。

横批和上下联正好组成"吴省钦"三个字。

苏"器"佛"来"

北宋文坛巨匠苏东坡与诗人佛印和尚是至交好友。一次，苏东坡去找佛印和尚，看到他与三个木匠围坐一团，对着一只木雕小狗品头论足。苏东坡灵机一动，想起一个拆字上联来，上前对佛印说："我有一上联在此，佛兄可对否？"随即出口吟道："四口围犬终成器，口多犬少。"

佛印一听，心想：这是一个拆字联，四口人围住一只犬，正是一个"器"字。四口对一犬，可不是口多犬少吗？佛印正皱眉挠头时，忽然看见两个人抬着一根木料走了过来。他眼前一亮，联从口出："二人抬木迈步来，人短木长。"

苏东坡听罢，连声称妙。原来，"来"的繁体字"來"是"木"字腰窝处夹两个小"人"，木头挺长，人却极短。佛印同样用拆字法对出了下联。

口，象形字，像张开的嘴。偏旁"口"的构字能力很强，《现代汉语词典》中含有偏旁"口"的合体字有六七百之多。

口在左的有"吵""唤""唱""叮""嘱""盼""咐""叫""喊""咆""哮""呼""啸""呜""鸣""呻""吟"等。

口在右的有"加""和""知"等。

口在上的有"号""呆""吊""呈""吴""另""员""邑""虽""哭""只"等。

口在下的有"吞""台""告""君""唐""右""命""古""召""各""名""占""吾""杏""否""吉""后""合""含""咎""喜""善""售""唇"等。

口在中的有"可""句""向""啬"等。

口在外的（wéi）有"国""围""固""囚""困""团""因""囟""回""图""囿""囹""圄""囫""囵""园""圃""圆""圈"等。

一、嘴巴之"口"

命，会意字，字形采用"口、令"会义。"命"，使也，使唤、叫唤的意思。

右，会意字，字形采用"ナ、口"会义。"ナ"是"手"的变形。"右"的本义同"佑"，帮助。从"口"表示帮着说话，从"ナ"表示出手相帮。徐锴道："言不足以左（佐），复手助之。"

口 　　　命 　　　右

君，会意字，字形采用"尹、口"会义。"尹"表示管理万千事务；"口"表示发号施令。"口"即"言"，"尹"即"行"，言行一致、言出必行的人方为君子。"君"的古文像君主端坐的样子。

单，繁体字"單"，会意字，字形采用"吅、里"会义，"吅"也做声旁。"吅"，说大话。"单"，本义是说大话、吹牛。

君 　　　君（古文） 　　　單

唐，形声字，"口"做边旁，"庚"做声旁。"唐"，本义是大而不实的话。"喝"是"唐"的异体字，会意字，字形采用"口、易"会义。

唐　　　喝

喁，形声字，"口"做边旁，"禺"做声旁。"喁"，本义是鱼口露出水面呼吸。很多学者把"喁"解释为众口，因为水浑浊（缺氧）的时候，水中群鱼就一起把口露出水面。"喁"后来指众人景仰归向的样子。

召，形声字，"口"做边旁，"刀"做声旁。"召"，呼叫客人享用酒食。

喁 　　　召

古，会意字，字形采用"十、口"会义。一代一口，十代十口，

历三百年叫作"古"。"古"的本义是故事（口说前几代之事）。至今，粤人仍把讲故事叫作"讲古"。

句，形声字，"口"做边旁，"丩"做声旁。"句"读作 gōu 时，表示弯曲。

古

句

二、非嘴之"口"

（一）表示象征、摹状

石，山崖下的石头。厂（岸）下之"口"是石块的象形。

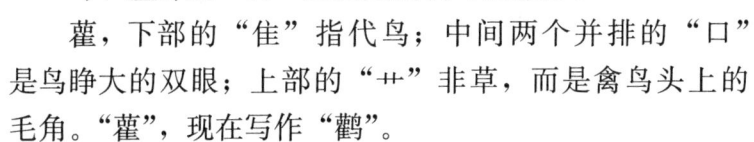

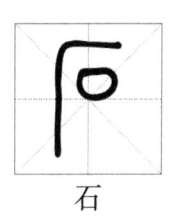

叶，左部之"口"是圆圆的树叶的象形。

雚，下部的"隹"指代鸟；中间两个并排的"口"是鸟睁大的双眼；上部的"艹"非草，而是禽鸟头上的毛角。"雚"，现在写作"鹳"。

向，会意字，字形采用"宀、口"会义。"宀"指代房子，"口"是窗户的象形。"向"，本义为朝北开的窗子。

启，会意字，字形采用"户、口"会义。"户"，半扇门；"口"，洞开的样子。"启"的本义是打开门、门开着。

石

向

启

足，会意字，字形采用"止、口"会义。"止"在"口"下，"口"代指人，其下即人的下肢。

听，形声字，"口"做边旁，"斤"做声旁。"口"，耳朵的形状。"听"，聆听。

足

听

豆，象形字，"口"像盛器的模样。"豆"，古代盛肉的容器。

舍，会意字，字形采用"亼、屮、口"会义。"亼"，人员集中之所；"屮"，像从下往上看时房屋的剪影；"口"，像版筑（垒墙的工具）的形状。"舍"，就是旅客、宾客集结居住的地方，相当于现在的宾馆、酒店。

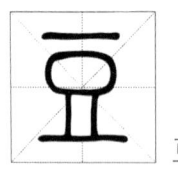

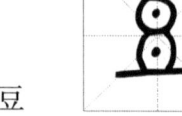

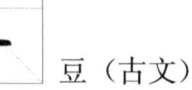

豆　　　　豆（古文） 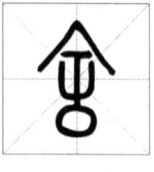　　　　舍

登，字形采用"癶、豆"会义。"登"的本义是升、自下而上。其甲骨文字形像双手捧着盛放食物的器具向神灵进献，这种进献是为了祈祷丰收。"登"，引申义为谷物成熟。籀文写法的"登"字，字形采用"収"做边旁。以"登"为声旁的字有"凳""瞪""蹬""磴""澄""噔""镫"等。

吕，象形字，字形像两颗相连接（颗颗相承）的脊椎骨，中间的短竖将两骨节相连。简体字"吕"省略了中间的短竖。"吕"的本义是骨节。

登 　　　　登（籀文） 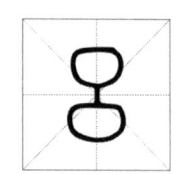　　　　吕

（二）表示"围"

"囗"，与"口"字形接近，作为包围结构用。从"囗"的字与围墙、边界有关，如"囚""囵""囷""囫""囹""园""圃""圆""圈"等。

束，会意字，字形采用"口、木"会义。"口"，像绳子环绕的样子。"束"，捆绑。

国，繁体字"國"，"囗"（wéi）表示疆界；"或"从"戈"，表示持戈守卫。

邑，上部的口指方形的城，邑下部的巴形似人跪坐着，代表人。《说文解字》解释为：邑，会意字，字形采用"囗、卩"会义。囗，国界或围城的形状；公、侯、伯、子、男有尊卑高下之异，所管辖的地域有大小之分，所以字形采用"阝"做边旁。"邑"，小邦国。

束 　　国 　　邑

仓，繁体字"倉"，会意字，字形采用有所省略的"食"和"口"会义。"口"，形似粮仓，是收藏稻谷的粮库。人们通常在稻谷成熟之时将它们收割入库，因此称粮库为"仓"。"仺"，是"仓"的异体字。

圃，形声字，"囗"做边旁，"甫"做声旁。"囗"是菜园子四周的边界。种菜的园子叫作"圃"。

仓 　　圃

圈，形声字，"囗"做边旁，"卷"做声旁。"囗"像栅栏的四面。"圈"，饲养牲畜的栅栏。

圆，形声字，"囗"做边旁，"员"做声旁。"囗"表示四周封闭。"圆"，完整封闭的弧圈。

圈 　　圆

日

日，象形字，字形由"口"和"一"构成，形似太阳。在《现代汉语词典》中，含有偏旁"日"的合体字有两百多个。

日在左的有"晾""晒""曙""曝""映""晴""晖""曦""旷""明""暗""晦""昭""旺""暄""晤""时""昨""响""晰"等。

日在右的有"旧""旭""昶"等。

日在上的有"旦""早""兒""旱""昊""昃""昆""昂""晟""昇""易""星""显""炅""是""景""昱""昰""晃""晁""暑""暴"等。

日在下的有"昔""杳""晋""昏""春""暮""普""智""昝""旮"等。

日在中的有"冥""莫""旬""间""朝""亘"等。

日，太阳，能量充盈。因此，古人认为，太阳的精华永远不会亏空枯竭，光芒永恒照耀天地。含偏旁"日"的字主要有以下三种：

1. 表光亮，如"映""景""暗""晦""冥""晟"等。

2. 表温暖，如"暄""暖""曝""暑"等。

3. 表时间。太阳朝升暮落，主导春夏秋冬，所以"日"与时间、季节有关。此类含偏旁"日"的字有"晓""晨""早""朝""旦""晚""昏""暮""昼""昨""旬"等。

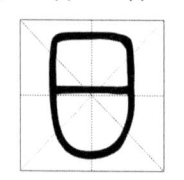

日　　冥

甲骨文中的"帝"字像日之光芒四射状。天地间最容易被人审视的就是日月，"日"与"帝"实为一字。人群中有统治者出，初民震其威力之大，就把他比作"日"，故以"帝"称之。古称"天无二日，民无二主"，又称"时日曷丧"，皆指君天下者。《易》曰："帝出乎震。"震就是东方，"帝"即"日"也。"皇"字在金文中如日出土上，光芒四射。"帝""皇"二字，皆脱胎于"日"字。

冥，会意字，字形采用"冖、日、六"会义。"冖"，此处指阴宅、地宫；"日"，太阳，代指阳间；"六"，表示建筑、建设。"冥"的本义是供帝王或掌大权者死后延续阳间生活的地宫、阴宅，俗称阴间、地府。

杲，"日"在"木"上，表示太阳已经升高了，意为明亮。"杲杲"，（太阳）明亮的样子。

东，繁体字"東"，"日"在"木"中，本义是动。太阳慢慢从树丛中升起，太阳升起的方向就是东方。

杳，"日"在"木"下，形容昏暗不明。"杳然"，形容沉寂或不见踪影。"杳如黄鹤"，比喻人或物下落不明。

旦，下部的一横表示大地。"旦"，太阳从地平线上升起，即早晨。《木兰辞》"旦辞爷娘去，暮至黑山头"之"旦"正是此义。

朝，左部的"日"上有草、下有草，意为太阳刚刚出现在草中；右部的"月"表示月亮还未落下，正是新的一天日月交替之时。

莫，会意字，"日"在"茻"中。"莫"的本义是傍晚，后被借用来表示否定副词"莫"。于是，古人在"莫"字的下面再加一个"日"，另造"暮"字来表示傍晚。

昏，因下部有"日"做底，故省去上部"氏"的"丶"。"氐"，低也，日低为昏。"昏"，日落西山。

莫　昏

晟，形声字，"日"做边旁，"成"做声旁。"日"，亮光。"晟"，明亮。

景，形声字，"日"做边旁，"京"做声旁。"景"，日光、日影。

晟　景

普，会意字，字形采用"日、並（并）"会义。"日"，太阳；"並"，并列。"普"的本义是天上同时出现两个太阳，形容阳光灿烂，晴空万里。

晋，会意字，字形采用"日、䇘"会义。太阳普照大地，万物生长。"晋"，长进。

普　晋

是，金文字形为"日、又、止"会义。"日"，太阳；"又"，手；"止"，脚。"是"，太阳直射，进入夏至，人们手脚并用开始农忙。《说文解字》释为："日、正"会义，"正"是直的意思，"日正"就是光线直射的意思。从本义上来看，时日恰当为"是"，相互抵制为"非"。

是 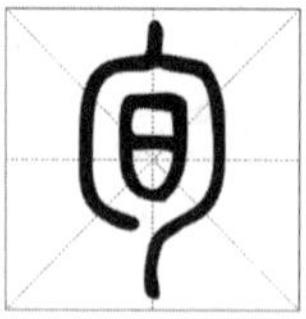　　　旬 　　　旬（小篆）

旬，会意字，字形采用"勹、日"会义。十日为一旬。

昔，会意字，字形采用"炎、日"会义。"炎"表示残肉，"日"表示用太阳晒干这些残肉。"昔"字用"炎"做边旁，与"俎"字用"仌"做边旁，字理相同。"昔"，干肉。

昔 　　　昆

昆，会意字，字形采用"日、比"会义。徐锴说："日日比之，是同也。""昆"，本义为共同。

显 　　　昼

显，繁体字"㬎"，会意字，字形采用"日、丝"会义。"日"，阳光、日光；"丝"，蚕丝、蛛丝等。"显"，日中视丝，当众明察其微妙之义。

昼，繁体字"晝"，会意字，字形采用有所省略的"畫"和"日"会义。"昼"，在太阳上山与太阳下山之间，与夜交界。

"沓""曾""曹"等字都和语言有关，下部是"曰"，而非"日"。

沓，会意字，字形采用"水、曰"会义。徐铉、徐锴道："语多沓沓，若水之流。故从水会意。""沓"，话多不止。

曾，形声字，"八、曰"做边旁，"囪"做声旁。"八"，气息上升分散；"曰"，说话。"曾"，语气助词。

曹，会意字，字形采用"棘、曰"会义。徐锴曰："以言词治狱（案件）也。故从'曰'。""曹"，狱之两曹，位在廷东。

沓 　　　曾 　　　曹

贝

贝，形似贝壳。先秦时期，人们以贝壳作为货币。以"贝"为偏旁的字一般与金钱有关，如"買（买）""賣（卖）""價（价）""财""赚""贵""贱""资""贪""赃""赈""赎""赔""贿""赂"等。

贞，会意字，字形采用"卜、贝"会义。"卜"为占卜，"贝"表示用来拜请占卜的钱财礼品。"贞"，本义是卜问神灵。

赞，会意字，字形采用"贝、兟"会义。"贝"，钱财礼物；"兟"，进也。奉礼进见为"赞"。拿着礼物捧场庆祝为"贺"。征收钱财为"赋"。

贞 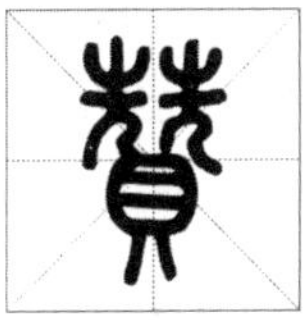　　　　赞

赏，形声字，"贝"做边旁，"尚"做声旁。"贝"就是钱币。"赏"就是赐给有功人员钱币。

贤，繁体字"賢"，会意字，字形采用"臣、又、贝"会义。"臣"表示瞪大的眼睛，"又"为手，"贝"为钱币。眼明手快，又会挣钱，这样多才多能的人就是"贤人"。

赏 　　　　贤

员，形声字，"口"做边旁，"贝"做声旁。"员"，物的数量。"古以贝为货，故数之"，一"贝"就是一"员"。

圆，篆文"员"字从"贝"，"圆"声，以"口"框之就是"圆"字。清末民初发行的银币，通称银圆。民国的纸币以"圆"为单位。

员 　　　　圆

——"赢"字巧析——

贯，会意字，字形采用"毌、贝"会义。"毌"像一根绳贯穿两个贝币，穿贝币（钱）的绳子就叫"贯"，后来一千钱为一贯。"贯"上加屋顶就成了"寳"（实），"实"的本义是家境殷实富足。"册"就是一根绳子穿着两块竹简。把"毌"和"册"竖起来就是"串"。

负，会意字，字形采用"人、贝"会义。"贝"有三种意思：①人背着一贯贯的钱叫作"负"，"负"就是动词"背"。②人持着这么多钱，好像有所依仗、依恃的样子。③拿了人家的东西不付钱，借了人家的钱不偿还。

贯 　负

赖，会意字，字形采用"束、负"会义。"束"是两头开口的囊，可作钱袋；"负"为动词"背"。"赖"就是背着胀鼓鼓的钱袋，表示从事某种行业（经商等）赚钱了、赢钱了，所以"赖"又释作"赢"。刘邦少时，无业游惰。刘太公责备他"亡赖"，即不能赚钱养家的意思，并不是现代的贬义词"无赖"。《说文解字》解释为："负"做边旁，"剌"做声旁。"赖"，赢利、获得钱财。

赛，形声字，"贝"做边旁，省略了"土"的"塞"做声旁。"赛"，祭司报出各人所献的敬神钱款。

赖 　赛

贾，形声字，"贝"做边旁，省去"古"的"罟"做声旁。"贝"，金钱；"罟"，网。网罗金钱、赚钱的人叫作"贾"。所谓商贾，行曰商，坐曰贾，即贩运赚钱的就是商，开店营业的就是贾。

贮，形声字，"贝"做边旁，"宁"做声旁。"贮"，积藏，钱拿回家里积藏起来。

贾 　贮

贵，形声字，"贝"做边旁，"臾"做声旁。上部是双手握着一根权杖，下部是"贝"，有金钱、权力的是为"贵"。"贵"的本义是尊贵，也指货物价格不低贱。

婴，会意字，字形采用"女、賏"会义。"賏"，表示将许多贝壳串连成项链。"婴"，妇女颈脖上用贝壳做成的装饰品，即早期的项链。

贵　　　婴　　　得

得，会意字，字形采用"彳、贝、寸"会义。"彳"表示行走，"贝"为钱，"寸"为手，走在路上拾到钱，意为远行探索而有所获。从事一种职业赚了钱也叫"得"，修道有了领悟也叫"得"。贝币太俗，换之以"心"，精神方面的"得"叫"德"。

八刀切瓜

切瓜妙对

明代文学家蒋焘在幼时就很聪慧。一日,父亲的朋友来访,蒋焘端茶待客。客人知其聪敏,即指窗外雪雨,出对试他:"冻雨洒窗,东二点,西三点。"蒋焘之母正切西瓜,蒋焘由此对出下联:"切瓜分客,横七刀,竖八刀。"拆字干净利落,顺理成章,客人拍手称妙。

上面是一则很经典的拆字联。"冻雨洒窗,东二点,西三点","冻"是两点水,"洒"是三点水,除却"水"之后,又成"东"和"西"。汉字中这样的拆字对联的确难对,少年蒋焘聪敏非凡、才思敏捷,看见母亲切瓜,立马对出下联:"切瓜分客,横七刀,竖八刀。""切"字由"七、刀"合成,"分"字由"八、刀"构成。"切"是左右结构的字,所以是"横"的;"分"是上下结构的字,所以是"竖"的。

八

八,左一撇、右一捺,像左右分开相背的样子。"八"的本义是分开、相背。由于中国美学讲究对称,而"八"是二和四的倍数,二是我国古代朴素辩证法表述对立统一观念最基本的方式,又同我国古代美学思想的对称观念相吻合,所以,"八"就获得了一种哲学或美学上的意义。《易经》上有"八卦",时节上有"八节",空间上有"八荒""八极""八垓"等,乐器种类有"八音",古代天子专用乐舞为"八佾",烹饪方法有"八珍",生辰有"八字",异姓结交要"八拜",民间传说之仙人也有"八仙",明清时期科举考试的文体为"八股"。"八"和不对称的"七"连用就表示不整齐、不美好,如"横七竖八""七上八下""乱七八糟""杂七杂八"等。

"八"在篆书的合体字中一般都以正常的形态呈现,在简体字中则存在倒立变形。

一、正"八"

公，会意字，字形采用"八、厶"会义。"八"，犹如各各相背；"厶"，同"私"。背"厶"为"公"，"公"的本义就是平均分享、平均分配。

介，会意字，字形采用"人、八"会义。"八"同"分"。"介"，表示人各有其界限。

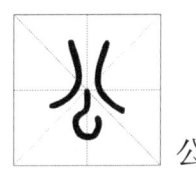

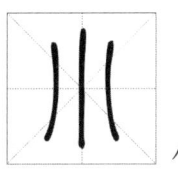

公　　　介　　　小

小，会意字，字形采用"八、丨"会义。"八"，像分别之形，故从八为分之；"丨"，出现而加以细分。"小"，物体细微的特征。

兮，会意字，字形采用"八、丂"会义。"八"，像气息越来越亏缺。"兮"，指说到此处时稍作停顿。

穴，形声字，"宀"做边旁，"八"做声旁。"穴"，土室，引申为所有空洞之物。

兮　　　穴

父，字形由"又"及其上的"一短竖"构成。"又"是右手，"一短竖"像棍子、手杖。"父"的字形像一手举杖教训子女的样子。父亲是规矩的代表，是一家之长，是带领、教育子女的人。对于简体字"父"，笔者认为：上半部分是"八"，下半部分是撇捺交叉的"又"（"史"字下部撇捺交叉的偏旁也为"又"的变形，见篆书"又"字）。"又"是"手"，人身上的一切任务、使命、职责都要靠双手劳动来实现。"八"左右各一点，在字形上是为了对称，避免了篆书"父"在字形上因只拿一根手杖而不对称，也表示父亲手上主要有两项使命和职责，一是正己修身，注重身教，严格要求自己，以自己合乎道德规范的言行引领示范、直接影响下一代，时时事事做子女的表率；二是管教齐家，严格教育子女，使其身体茁壮成长，使其思想健康、世界观正确，使其掌握必备的知识技能。

父

又

二、倒"八"

平，会意字，字形采用"八、亏"会义。"八"表示分散。"平"的本义是语调平舒。"平"字中间的"八"倒立变形。

半，会意字，字形采用"八、牛"会义。牛是大物，因此可以分割。"半"的本义是物体平分所得的部分，上面两点是"八"的倒立变形。"半"可以构成很多形声字，如"胖""判""畔""泮""叛"等。

兑，会意字，字形采用"八、口、人"会义。"八"，像气之分散；"口"，嘴巴。气从人张开的嘴里分散出去，"兑"的本义就是"说"。

平　半　兑

尚，形声字，"八"做边旁，"向"做声旁。"八"在字形上由分开的一撇、一捺构成，意思是一分为二、相别相背。"八"也像人呼出的气分散开来。"尚"就是上，曾，重也（曾孙、曾祖）。"尚"和"曾"都有层累加高之意。"尚"，可解释为曾经，大约……了吧。

豢，形声字，"八"为边旁，"豕"为声旁。"八"，相别相背。"豢"的本义是顺从、听从。有所从则有所背，所以，"豢"采用"八"做边旁。

曾，形声字，"八、曰"做边旁，"囧"做声旁。"曾"，语气助词。

尚　豢　曾

"平""半""兑""关""尚""豢""曾"等字，在篆书中，上部的"八"是正常的形状；但在楷书中，上部的"八"则发生了倒立变形。

刀

刀，象形字，像刀锋之形，是兵器的一种。含偏旁"刀"的字，和兵器、砍、刻画等有关。"刀"作为偏旁，主要有"刀""刂""勹"三种形式。

刀

一、"刀"

刃，指事字，"刀"字左边加一点，本义是刀口。"刃"，可以指代刀，如"手持利刃"；也可做动词，表示杀，如"手刃奸贼""左右欲刃相如"。

初，会意字，字形采用"刀、衣"会义。原始社会时期，人们用刀裁割兽皮制衣，裁衣为制衣之始。"初"的本义是起始。

梁，字形采用"木、水"会义，"办"是声旁。"梁"，桥梁。

刃 　　初 　　梁

劈，形声字，"刀"做边旁，"辟"做声旁。"劈"，破也，用刀斧将物体从中间破开。

券，形声字，"刀"做边旁，"𢍏"做声旁。"券"，契据。契券的文书，用刀刮刻边缘以便日后判识。

劈 　　券

二、"刂"

刘，繁体字"劉"，字形采用"金、刀"会义，"卯"做声旁。"刘"的本义是杀。

刊，形声字，"刀"做边旁，"干"做声旁。"刊"的本义是削、刮。"不刊之论"比喻不能改动或不可磨灭的言论，一般用来形容文章或言辞精准得当，无懈可击。

删，会意字，字形采用"刀、册"会义。"册"，简牍（用绳子把竹片连缀而成，供书写）。"删"，从整捆简牍中剪断部分签条。

刊　　删

划，繁体字"劃"，会意字，字形采用"刀、畫"会义，"畫"也兼做声旁。"划"，用刀锥刻画。

刚，繁体字"剛"，形声字，"刀"做边旁，"冈"做声旁。"刚"，强力折断，引申为有力。

划　　刚

判，字形采用"半、刀"会义，"半"亦做声旁。"判"，本义是分割牛体。

则，会意字，字形采用"刀、贝"会义。"刀"，分割；"贝"，财物。"则"，本义是均等划分财物。

判　　则

三、"⺈"

偏旁"⺈"一般居于字的顶部，高危之人在崖上，是"人"的变形。日常所说的"色字头上一把刀"，让我们误认为"⺈"是"刀"的变形。"龟""兔""象"等字上部的"⺈"都是动物头部的象形。不过，"刍"顶部的"⺈"可理解为"刀"。

刍，会意字，字形采用"刀、彐"会义。"彐"，就是手。"刍"，手拿刀在割草。

蚕鸿绝对

江淹漫游绝对

南朝文学家江淹年轻时家贫而才思敏捷。一次,江淹与一群文友在江边漫游,遇一蚕妇。一颇负盛名的文人即兴出联曰:"蚕为天下虫。"将"蚕"拆为"天"和"虫",别出心裁,一时难倒众多才子。正巧一群鸿雁飞落江边,江淹灵感触发,对曰:"鸿是江边鸟。"将"鸿"拆为"江"和"鸟",贴切工巧,言近意远,顿时博得一片喝彩。

"蚕为天下虫,鸿是江边鸟"涉及的"鸟(隹)""鱼"和"虫"皆可作为偏旁。

"鸟"和"隹"

隹,同"鸟",飞禽。《说文解字》认为:尾羽长的禽叫作"鸟",尾羽短的禽叫作"隹"。后人多不赞同这种说法,因为从"鸟"之字也有尾羽短的,从"隹"之字也有尾羽长的。今人在审视古文时发现,"鸟"字张嘴,"隹"字闭嘴,便认为善鸣的为"鸟",不善鸣的为"隹"。针对这个说法,也能举出若干反证。流沙河认为:远古时期,南方人把飞禽称为"隹",中原华夏人则称其为"鸟"。形成文字时(甲骨文中,"鸟""隹"二字已经并存),"鸟""隹"二字虽然都像羽族之形,但是读音各异,所以一物两名,并存至今。

隹　　　鸟　　　隽

"鸡"的繁体字形就分别有从"鸟"和从"隹"两种写法:"鶏"和"雞"。由此可见,"鸟"与"隹"是同义而异名。

鸟,象形字,飞禽的总称。鸟的足形似匕,所以字形采用"匕"

183

做边旁，里面一点是眼睛的象形。

由偏旁"鸟"构成的字，结构比较简单，字义非常明确，一般都是鸟的名称，如"鸡""鸭""鹅""鸽""鸵""鹤""鹏""鸠""鸦""鹰""鹫"等。而由偏旁"隹"构成的合体字，情况则要复杂得多：

雋，字形由"隹令、弓"会义而成。"隹"就是鸟。一说短尾巴的叫隹，长尾巴的叫鸟；一说南方方言中称鸟为隹。"弓"，开弓射箭。因为鸟肉肥美（"雋"的本义），所以要开弓射箭，捕捉鸟类为食。"弓"字偏长，为使整体字形更加美观漂亮，"雋"下部的"弓"遂横卧变形。现在一般将"雋"写作"隽"。因为鸟肉肥美，让人久久回味、难以忘记，所以产生"隽永"一词。

集，会意字，字形采用"隹、木"会义。篆文和金文的"集"，均为木上三"隹"，意为群鸟聚在树上。

雀　　　集　　　杂

杂，繁体字"雜"，形声字，"衣"做边旁，"集"做声旁。但"集"在这里不仅参与读音，还参与字义。"集"，上半部分的"隹"表示鸟，下半部分为"木"，表示鸟儿们在傍晚时分归巢，集中在大树上。鸟儿们的羽毛衣色各不相同，这就是"杂"字的由来。从字形上讲，其左上角是"衣"的变形，为使结构紧凑美观，遂把"集"由上下结构移位变形为左右结构，衣在木上，隹在右边，最终定型为"雜"。

雄，形声字，"隹"做边旁，省略"宀"的"宏"为声旁。"宏"，大也（雄鸟的身体一般比雌鸟大）。"雄"的本义是鸟父。

雌，字形采用"隹、此"会义，"此"也做声旁。"雌"的本义是鸟母。

雄　　　雌　　　雀

雀，会意字，字形采用"小、隹"会义。依人小鸟，就是麻雀。

雅，形声字，"隹"做边旁，"牙"做声旁。"雅"，本义是乌鸦。

雅　　　　　　　惧　　　　　　　进

惧，繁体字"懼"，形声字，"心"做边旁，"瞿"做声旁。"瞿"鸟睁大两只眼睛，表示受惊。"惧"就是"恐"，"恐""惧"二字互为转注。

进，繁体字"進"，形声字，"辶"做边旁，"隹"做声旁。"辶"，行走；"隹"，鸟。"进"，前行。

雏，形声字，"隹"做边旁，"刍"做声旁。"雏"的本义是小鸡。

雏　　　　　　　离　　　　　　　奋

霍，会意字，字形采用"雨、隹"会义。夏日暴雨忽至，鸟三五成群箭一般冒雨"嚯嚯"飞回巢，就是"霍"。"霍然"，快速的样子。

奋，繁体字"奮"，会意字，字形采用"奪、田"会义。"奪"，鸟用力飞起；"田"，相当于郊野、野外。"奮"，像大鸟从田间起飞。鸟振翅高飞就是"奋"。

在"谁""锥""椎""堆""推""崔"等字当中，"隹"仅做声旁，不参与字义。

鱼

鱼，繁体字"魚"，象形字。鱼尾与燕尾呈树枝形，旧时都写作"灬"。与鱼相关的字，大都采用"鱼"做边旁。

渔，捞鱼、捕鱼，具有动词性质。

称，繁体字"稱"，形声字，"禾"做边旁，"爯"做声旁。从"禾"是因为："禾有秒（禾芒），秋分而秒定。"长度单位最初是这样规定的：十二秒而当一分，十分而寸。重量单位最初是这样规定的：十二粟为一分，十二分为一铢。故一些表示度量单位的字皆从"禾"。"爯"上"爫"（手）下"鱼"，像手提着鱼。"称"的本义是用于称物体重量的工具——铨，俗称秤。

鱼　　　　　称

衡，形声字，"鱼"做边旁，"行"做声旁。"衡"的本义是秤。称秤时，秤杆横于前，所以"衡"又借作"横"用，如"合纵连衡"。车厢前的横木也叫作"衡"。《说文解字》释"衡"：字形采用"角、大"做边旁，用"行"做声旁。"衡"是牛角上的横木，因为有些牛脾性暴躁，喜欢用牛角抵触人或物，造成损失，所以人们在牛角上绑上横木，使之不能直接抵触到人或物。

衡　　　　　衡（古文）

鲁，形声字，"白"做边旁，"鱼"做声旁。甲骨文中，"鲁"字的上部是"鱼"，下部指代盛放鱼的器皿。"鲁"的金文字形与甲骨文基本相同，只是上部的"鱼"增加了两点，下部的器皿中多出一横，表示尝到美味，本应写成"甘"字，后讹变为"日"字。"鲁"，本义指嘉美，后假借指愚笨、迟钝。

鲁　　　　　鳏

鳏，形声字，"鱼"做边旁，"眔"做声旁。"鳏"，一种鱼。

虫

虫，泛指各种动物：兽类叫毛虫，禽类叫羽虫，人类叫裸虫，鱼类叫鳞虫，贝类叫介虫，蛇叫长虫，虎叫大虫。它们有的长毛，有的寄生，有的披甲，有的披鳞。与虫相关的字，大都以虫的特征为形象基础，采用"虫"做边旁。

爬行类：蛇、蜥蜴；

两栖类：蛙、蟾蜍；

软体类：蚌、蠡、田螺、牡蛎、蜗牛；

节肢类：蜂、蚊、蝇、蛾、蝉、蝎、螳螂、蟋蟀、蜘蛛、蚂蚱、蝗虫、蚂蚁；

环节类：蚯蚓、蚂蟥。

禹，象形字，像爬虫之形，本义是虫名。

禹 　　风 　　风（古文）

风，繁体字"風"，形声字，"虫"做边旁，"凡"做声旁。"风"，天上虫（九头鸟）飞过，人间起大风。

虹，形声字，"虫"做边旁，"工"做声旁。"虹"的本义是天空中的小水珠经日光照射和反射作用而形成的弧形彩带。在古人眼中，彩虹是非常奇幻的现象，让人难以理解，于是把彩虹视为某种奇特的活物。"有出虹自北，饮于河"，古人看到彩虹的末端延伸至水中，便认为这个怪物可以吸水。

虹 　　虹（籀文）

蚕，旧时为形声字，"䖵"做边旁，"朁"做声旁，表示一种能吐丝结茧的昆虫。简体字为会意字，字形采用"天、虫"会义，意为老天（大自然）赐予人类的益虫。

蜀，会意字，字形采用"目、虫"会义。"蜀"的本义是蚕。

虾，繁体字"蝦"，字形采用"虫"做边旁，省略了"雨"字头的"霞"做边旁兼声旁。因为虾放入锅中加热后会变成红色，有朝霞之色，所以"蝦"字以省略"雨"字头的"霞"做边旁、声旁。

蛩，形声字，"虫"做边旁，"巩"做声旁。"蛩"，蟋蟀。

蚕 　　蜀 　　虾 　　蛩

狼狗之辩

纪晓岚智对

纪晓岚担任侍郎时，和珅担任尚书，两人都是乾隆皇帝的爱臣，也经常斗智斗勇斗嘴皮子。有一次，和珅设宴款待同僚，纪晓岚最后一个到。和珅有意为难纪晓岚，说："纪侍郎，纪大人，来来来，有事请教。那个到底是狼是狗？是狼（侍郎）是狗？"

众大臣附和道："对啊！是狼是狗，是狼（侍郎）是狗。"

纪晓岚："是狼是狗？你堂堂一个尚书还分不出来吗？我教你一个办法，看尾巴尖呀，下垂是狼，上竖是狗，记住了，上竖（尚书）是狗。"

旁一御史："巧言舌辩！狼吃肉，狗吃粪，它吃肉，是狼（侍郎）是狗毫无疑问！"

纪晓岚："狼遇肉食肉，狗遇屎（御史）吃屎。"

以上纪晓岚与和珅、御史的狼狗之辩展示了汉语谐音之精彩。接下来，笔者会逐一解析由猪、狗、牛、羊、马、鸡"六畜"偏旁组成的字。猪、狗、牛、羊、马属于四足而毛的走兽牲畜类，鸡属于两足而羽的飞禽类，都在十二生肖当中。"鸡"从"鸟"部，"鸟"就是"隹"，"隹"部见本书"蚕鸿绝对"部分。

豕

豕，象形字，像有毛有足有尾巴的猪，尾巴极短。现代汉语将其做书面语用，如"狼奔豕突"等。与豕相关的字，大都采用"豕"做边旁。

豕　　　　　豕（古文）　　　　　家

家，形声字，"宀"做形旁，省去了"叚"的"瑕"做声旁。"家"的本义是住所。

豨，形声字，"豕"做边旁，"希"做声旁。"豨"，小野猪。因为小野猪的尖叫声像"唏唏"，所以称其为"豨"。

猪，繁体字"豬"，形声字，"豕"做边旁，"者"做声旁。

逐，会意字，字形采用"辵"和省略了"月"的"豚"会义。小猪逃跑，主人追赶就是"逐"。或者将其字形解释为野猪下山毁坏庄稼，农人驱赶追逐。

豨　　　　　猪　　　　　逐

豚，会意字，字形采用"月（肉）、豕"会义。肉味嫩腴鲜美的小猪就叫"豚"。

豢，形声字，"豕"做边旁，"𢍏"做声旁。"豢"，以谷物喂养。

豚　　　　　豢

㣇（chù），指事字，"豕"上加一点，表示豕的脚被绊住，行走艰难的样子。

豦，会意字，字形采用"豕、虍"会义。"豕"为猪，"虍"为虎，虎追捕野猪，打斗很激烈。一说"豦"指大猪。一说"豦"指老虎举着两只爪。"遽"，会意字，字形采用"虍、豕、辵"会义。"遽"的本义就是忽然、突然。

㣇　　　　　豦　　　　　遽

与"猪"相关的偏旁还有"彑"(jì)。"彑",猪头。如：

彘（zhì），字形采用"彑"做边旁，"矢"做声旁；采用"二、匕"会义。篆文"彘"之二"匕"像两个"人"，代表猪的四只脚；四脚之间的"矢"代表矢镞，指阉割。阉割后的猪叫"彘"。彘，滞也（阉割后的猪行动迟滞，变得温顺）。

彖（chì），会意字，字形采用"彑、豕"会义。"彖"作为"猪"义，现在已不常见。《现代汉语词典》中，"彖"读作 tuàn，解释为判断、论断。"彖"上加"竹"，即"篆"。

彖

犬

狗是人类的朋友，自古与人类相伴。"狗"作为偏旁时主要有"犭"和"犬"两种形式。"犭"是"犬"的变形。从"犭"的字一般与动物有关，如"猴""猫""狮""狼"等。简体字中也把部分"豸"（"豸"指代肉食走兽，如"豹""豺""貂"等。"貌"的本义是野兽的外表）、"豕"等简化成"犭"，如："豬"简化成"猪"，"貓"简化成"猫"。

独，繁体字"獨"，形声字，"犬"做边旁，立身变形为"犭"；"蜀"为声旁。"独"的本义是孤单，从"犬"是因为：犬好斗，不成群。由此推之，羊性情温和，好成群，所以"群"字从"羊"。

獨

臭，会意字，字形采用"自、犬"会义。"自"是鼻子的象形。现在我们说的"鼻子"其实应复称"鼻自"，就像"眼目"一样。"臭"字从"犬"，是因为犬总是一路走一路嗅。"臭"的本义是人鼻像犬那样"嗅"。简体字"臭"是多音字，做形容词时念 chòu，指使人恶心的难闻气味；做名词时念 xiù，表示各种气味的总称。

臭　　狂　　獄

狂，形声字，"犬"做边旁，立身变形为"犭"；"王"为声旁。

《说文解字》："狂,狾犬也。"狾犬俗称疯狗。"狂"的本义是狗发疯,后亦指人精神失常,如"疯狂""癫狂"等。"狂"的引申义为纵情任性或放荡骄恣的态度,如"轻狂""狂妄"等;气势猛烈,超出常度,如"狂风""力挽狂澜"等。

狱,繁体字"獄",会意字,字形采用"狀、言"会义。"狱"表示以言论相互争斗,即诉讼、打官司。

猝,形声字,"犬"做边旁,立身变形为"犭";"卒"为声旁。"猝",狗突然从草丛中蹿出来追人,有突然、急速、出乎意料、出其不意等意思,如"猝不及防""猝然生变"等。

突,会意字,字形采用"穴、犬"会义,指狗从墙洞中蹿出来。"突"的本义是急速地往外冲,后引申为急速,又引申为突然。

猝　　　突　　　然

然,会意字,字形采用"月(肉)、犬、火"会义。"然"的本义是狗肉汤。

飙,繁体字"飈",字形采用"風、猋"会义,"猋"也做声旁。"猋",群狗。"猋"与"风"合译为:群狗追逐,跑得像风一样快。"飙",本义为暴风、疾风。

牛

篆文"牛"字像正面的牛头,两耳和弯弯的双角均十分形象。与牛有关的字,大都采用"牛"为边旁,如"牧""犁""犍""解""犒"等。

物,形声字,"牛"为边旁,"勿"为声旁。"勿",杂色旗帜。杂色牛就是"物"。古代祭祀宰牛,规矩烦琐,连牛的毛色都有讲究。卜辞中的"十勿牛"就是十头杂色牛,"物牛"也指杂色牛。《诗经》"三十维物"指的是三十头杂色牛。

物 　　件 　　半

件，会意字，字形采用"人、牛"会义。牛是大物，因此可分。牛在宰杀之后，要被剖解成块，块即件。"解"，字形采用"刀、牛、角"会义，就是分解牛体的意思。

半，会意字，字形采用"八、牛"会义，表示物体平分所得的部分。"牛"是大物，因此可以分割。

牺、牲，形声字，宗庙祭祀时用的牲畜叫"牺"，用于祭祀的全牛叫"牲"。

牺 　　牲

特，形声字，"牛"做边旁，"寺"做声旁。公牛性猛，动则撞人，不好牧养，所以都要骟（阉割）。骟过的公牛叫犗。少数品种特优良、体格特健壮的公牛不能骟，要留作种牛。未经阉割的公牛就叫特。"特别""特殊""特异"等词即来源于此。

牵，繁体字"牽"，字形采用"牛、冂（冖）"会义，"玄"做声旁。"冂"像牛拉车的縻绳。牛拉车就叫"牵"，所以有"牵引""牵拉"等词。

特 　　牵

牡，形声字，"牛"做边旁，"土"做声旁。"牡"，本义是公牛，泛指畜父，也有大的意思，因牲畜野兽中，雄性的体型相对雌性来说都要大一些。

牡 　　牝

牝，字形采用"牛、匕"会义，"匕"也做声旁。"牝"，本义是母

牛，泛指畜母。

牢，会意字，字形采用"宀、牛"会义。"宀"，房屋。"牢"，本义是牛圈，泛指关养牲畜的栏圈。

告，会意字，字形由"牛、口"会义而成。牛在激动、愤怒时可能会用牛角顶触人，于是，人们在部分牛的角上绑一段横木，用来警告、警示他人。"告"的本义是警告、报告、上报。

牢　　　告　　　牟

牟，字形采用"牛"做边旁，像声气从口出。牛上非"厶"，而是像牛叫时声音和气息从口鼻中发出。"牟"就是牛发出叫声。

羊

羊，象形字，像羊的头、角、足、尾。

羊　　　美

美，字形采用"羊、大"会义。羊在六畜之中是提供肉食的主力。羊大则肥美。"美"，甘，爽口。"美"与"善"同义，都是羊肉鲜美可口的意思。

善，会意字，字形由"羊、言"会义而成。"羊"是人类圈养的温顺的动物。"羊言"就是羊的叫声，温和可人，不似熊咆、龙吟、狮吼、虎啸、狼嚎等猛兽的叫声让人胆战心惊，闻声色变。这也是不择其他猛兽的叫声，而以"羊言"造"善"字的原因。在字形结构上，"善"以"羊"字作头，下半部分是"言"字，出于美观和谐的考虑，遂省略"言"顶部的"丶"，并把"言"字的三横缩小变形为两点、一横。

义，繁体字"義"，字形采用"羊、我"会义。"我"，从戈，表示武器，代指战争。在战前祭祀占卜，预兆吉祥，表示动武合理，公正顺天。

群 羞 羝

群，异体字"羣"，形声字，"羊"做边旁，"君"做声旁。羊性情温和，好成群，所以"群"字从羊；犬好斗，不成群，所以"独"字从犬。

羞，字形采用"羊、丑"会义，"丑"也兼做声旁。"羊"，进献的贡品；"丑"即手，手持而进献。"羞"的本义是进献。宗庙祭祀用肥大的犬羊各一只。祭祀用的犬叫作"羹献"。"羞"加上"饣"就是滋味美好的"馐"了。

羝，形声字，"羊"做边旁，"氐"做声旁。"羝"，公羊。

差，会意字，字形采用"羊、左"会义。"羊"代表价值；"左"相对于"右"要次一点，因为古人以"右"为尊。"差"的本义是价值不相当。

差　　差（小篆）

羌，字形采用"人、羊"会义。"羌"，西戎部落的牧羊人。

羌　　养　　养（小篆）

佯，形声字，"人"做边旁，"羊"做声旁。"佯"，人做出虚伪虚假的仪表、言行等。

养，繁体字"養"，形声字，"食"做边旁，"羊"做声旁。"养"，供养、养育。

烊，形声字，"火"做边旁，"羊"做声旁。"烊"，熄火为安。打烊，指关门熄灯，引申为商店晚上关门，停止营业。

洋，形声字，"水"做边旁，"羊"做声旁。"洋"，指安祥、太平的大海，引申为充盈无限，如"喜气洋洋"。

详，形声字，"言"做边旁，"羊"做声旁。"详"，本义是在祭祀时赞美神的功绩。另说是周密地研究讨论。

洋 　　详

庠，形声字，"广"做边旁，"羊"做声旁。"庠"，古代地方学校。

痒，形声字，"疒"做边旁，"羊"做声旁。"痒"，良性的疮，身体虽有不舒服，但平安而无碍。

庠 　　痒

徉，形声字，"彳"做边旁，"羊"做声旁。"彳"，羊吃草时的步伐，不紧不慢、从容不迫。"徉"，就是步态安详；"徜"，就是步态大方高雅。"徜徉"，就是神情从容自若，步态高雅安详。

恙，形声字，"心"做边旁，"羊"做声旁。"恙"，就是内心之痒，即轻愁浅虑，隐隐担忧。

翔，形声字，"羽"做边旁，"羊"做声旁。"翔"，飞行，没有振翅搏杀之激烈，只有顺风滑行之悠扬，徐缓不疾，安祥静美。

祥，形声字，"示"做边旁，"羊"做声旁。"祥"，就是福瑞，神灵保佑吉瑞平安。一种说法认为，"祥"是"善"的意思。

恙 　　翔 　　祥

马

古文中，"牛""羊"二字从正面摹状，"马"字则从侧面摹状，有头、身、尾、鬃毛和四肢。以"马"为偏旁的字很多，按马的毛色来看，便有：毛色深黑的马叫"骊"，毛色浅黄发白的马叫"骠"，毛色苍黑而杂的马叫"骓"，毛色青白而杂的马叫"骢"等。与马相关的字，大都采用"马"做边旁。也有一些表示其他动物的字以"马"为

偏旁，如"驴""骡"等。

一、名词性质的以"马"为偏旁的常用字

骈，字形采用"马、并"会义，"并"也做声旁。"并"，两个人。"骈"，驾二马，两马拉一车。两马并列，左右对称，步调一致，一起用力，有一种对称美。六朝以来，音韵和谐、字句两两对偶的文章就叫作"骈体文"。

骖，形声字，"马"做边旁，"参"做声旁。"骖"，驾三马，三马拉一车。一匹马在中间，走在最前面，另外两匹马并列其后。

驷，形声字，"马"做边旁，"四"做声旁。驾四马，四马拉一车。成语"君子一言，驷马难追"出自《论语·颜渊》："夫子之说君子也，驷不及舌。"意思是，一句话说出了口，就是坐上由四匹马拉的车也难追上，比喻话说出口，就不能再收回，一定要算数。

骈　　　骖　　　驷

驸，形声字，"马"做边旁，"付"做声旁。"驸"，驾马车的副手，副驾。

驿，繁体字"驛"，形声字，"马"做边旁，"睪"做声旁。"驿"，在大道上设置的专供传送公文的使者、马匹休息的停靠站，即驿站。

驸　　　驿

骐、骥，毛色苍白的青骊马叫"骐"，千里马叫"骥"。"骐骥"代指千里马。

骐　　　骥

二、形容词性质的以"马"为偏旁的常用字

笃，形声字，"马"做边旁，"竹"做声旁。"笃"，马走得迟缓。

驳，形声字，"马"做边旁，"爻"做声旁。"爻"，多种毛色交杂。"驳"的本义是马色不纯。

骏，形声字，"马"做边旁，"夋"做声旁。"骏"，马匹当中形体大的良材。

骄，形声字，"马"做边旁，"乔"做声旁。"乔"就是高。体型高大的马叫"骄"。还一种说法认为，"骄"是野马。

笃 　驳 　骏 　骄

驽，形声字，"马"做边旁，"奴"做声旁。"奴"，地位低下的人。"驽"就是劣马、低等马。

惊，繁体字"驚"，形声字，"马"做边旁，"敬"做声旁。"驚"，马骇，原指马容易受惊而骇。"惊""骇"二字在《说文解字》中互训："惊，马骇也。""骇，惊也。"

驯，形声字，"马"做边旁，"川"做声旁。"驯"，马顺服。

冯，形声字，"马"做边旁，"冫"做声旁，古音 péng。"冯"，马快速行进。篆文"冯"左部的"仌"是"冰"的异体字，像河冰破裂拱撑的形状。成语"暴虎冯（péng）河"指空手搏虎、徒步渡河，比喻有勇无谋，冒险蛮干。

驚 　驯 　冯

三、动词性质的以"马"为偏旁的常用字

骟，形声字，"马"做边旁，"扇"做声旁。"骟"，泛指对动物进行阉割。

驰，形声字，"马"做边旁，"也"做声旁。"驰"，极力驱马疾行。

骋，形声字，"马"做边旁，"甹"做声旁。"骋"，径直奔驰。

驰 　骋

驱，形声字，"马"做边旁，"区"做声旁。"驱"，跃马奔驰。

驻，形声字，"马"做边旁，"主"做声旁。"驻"，马扬前蹄站立。

驱 　　驻 　　骚

骚，形声字，"马"做边旁，"蚤"做声旁。"蚤"上之"又"为手，人伸出手用五指指甲给马搔痒就是"骚"。一种说法认为，"骚"是用手抚摩马。有骚必动，衍生出"骚动""骚扰""骚乱"等词。

闯，字形采用"马、门"会义，像马冲出城门的样子，引申为惊人突兀之义。

骑，形声字，"马"做边旁，"奇"做声旁。"骑"，跨马而行。两髀跨马谓之骑，因而人在马上谓之骑。

闯 　　骑

驭，会意字，字形采用"又、马"会义。"又"是手，用手御（驾）马车就是"驭"。

驾，"马"做边旁，"加"做声旁。"驾"，马匹被加上马轭。

驭 　　驾

霓裳羽衣

霓裳羽衣曲

相传，唐玄宗李隆基梦游月宫。月宫中，身穿霓裳羽衣的仙子随着玄妙优美的乐曲和歌声翩翩起舞。梦醒后，李隆基想把梦中的乐曲记录下来，可惜记忆模糊，于是十分苦恼。

一次，李隆基来到三乡驿，望着山峦起伏、烟云缭绕的女几山，产生了许多美丽的幻想。他顿时想起梦中的全部仙乐，立即记录下来，创作了一部宫中大曲。

李隆基命令乐工排练《霓裳羽衣曲》，令爱妃杨玉环设计舞蹈。为了让他们拥有更好的场所排练，李隆基在宫廷中建造了一座梨园。杨玉环与宫人日夜赶排大型歌舞《霓裳羽衣曲》，并在一个盛大的节日上演出。细腻优美的《霓裳羽衣曲》仙乐奏起，杨玉环带着宫女翩翩起舞，极力描绘虚无缥缈的仙境和舞姿婆娑的仙女形象，给人以身临其境的艺术感受。

《霓裳羽衣曲》乐调优美，构思精妙，各藩镇也纷纷排演，唐代文人都有歌咏或笔录。随着唐王朝的衰落崩溃，一代名曲《霓裳羽衣曲》竟然"寂不传矣"。五代时，南唐后主李煜得残谱，昭惠后与乐师曹生按谱寻声，补缀成曲，并曾一度整理排演。金陵城破时，李煜下令烧毁曲谱。南宋年间，姜夔发现商调霓裳曲的乐谱十八段，这些片断还保存在他的《白石道人歌曲》里。

直到现在，《霓裳羽衣曲》仍无愧是音乐舞蹈史上的一颗璀璨明珠。

羽

从"羽"的字一般和禽类、羽毛、飞翔有关。

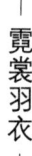

"羽"在上的有"翼""翟""翠""翏"等。

"羽"在下的有"翡""翁""翰""扇""翦"等。

"羽"在右的有"翱""翔""翅""翎""翻""翩"等。

羽，象形字，本义是鸟的长毛。长毛，有别于细缛状的绒毛，引申为"宫商角徵羽"五音之羽。《晋书·乐志》："羽，舒也。阳气将复，万物孳育而舒生。"《汉志》："羽，宇也。"

翁，形声字，"羽"做边旁，"公"做声旁。"翁"的本义是鸟的颈毛。

翩，形声字，"羽"做边旁，"扁"做声旁。"翩"，疾飞（快速地飞）。

羽　翁　翩

习，繁体字"習"，会意字，字形采用"羽、白"会义。"习"，数飞，鸟一次次地飞起落下，练习飞翔。

翏（liù），会意字，字形采用"羽、㐱"会义。"㐱"，新生羽而飞也。羽毛新生丰满，就可以高飞了。"翏"，高飞。

习　翏

翻，形声字，"羽"做边旁，"番"做声旁。"翻"，飞行。

翘，形声字，"羽"做边旁，"尧"做声旁。"翘"的本义是鸟尾的长毛。

翻　翘

翟，会意字，字形采用"羽、隹"会义。"翟"，本义是长尾的山鸡（雉）。

翰，形声字，"羽"做边旁，"倝"做声旁。"翰"，赤羽天鸡。

翟

翰

翡、翠，字形结构从"羽"，鸟名。《说文解字》："翡，赤羽雀也。翠，青羽雀也。"翡翠鸟的羽毛有两种颜色，雄鸟为红色，称"翡"；雌鸟为绿色，叫"翠"。在古代，翡翠鸟的羽毛是较为名贵的装饰品。巧合的是，缅甸产的硬玉也有红绿两种颜色。"翡翠"后来泛指缅甸硬玉。

翡

翠

舞，会意字，字形采用"羽、亡"会义，表示头戴羽饰，跳祭祀舞蹈，悼念亡灵。

舞

舞（古文）

衣

与衣相关的字，大都采用"衣"做边旁。

"衣"在下的有"裳""袭""袋""裂"等。

"衣"在左的有"袄""补""袜""裤""袱""衬""衫"等。

开衣架的有"衷""衰""哀""袭""衮""裹""褒"等。

卒，上部是"衣"，下部是"十"，表示在衣服上做标记。"卒"的本义是在官府当差者的衣服上标记表示其身份的符号。

衣

卒

表，会意字，字形采用"衣、丰"会义。"丰"，是上下出头的"生"，表示草木茂盛。"表"就是包裹人体的衣服，就像草木覆盖地面一样，引申出外面、外表等意思，可组词"地表""表层""表面""表里如一"等。

杂，繁体字"雜"，字形采用"衣"做边旁，"集"做声旁且参与字义。"杂"的本义是五彩相会。

裁，形声字，"衣"做边旁，省略了"口"的"哉"做声旁。"裁"，剪布制衣。"裁缝"就是缝制衣服的人。

制，繁体字"製"，形声字，"衣"做边旁，"制"做声旁。"制"的本义是裁衣。

杂　　裁　　制

衾，形声字，"衣"做边旁，"今"做声旁。"衾"，大被子，如岑参《白雪歌送武判官归京》有"狐裘不暖锦衾薄"之句。

被，字形采用"衣"做边旁，"皮"做声旁并表义。"被"，紧裹人体皮肤的单人小被子。

衾　　被

初，会意字，字形采用"刀、衣"会义。原始社会时期，人们用刀裁割兽皮制衣，裁衣为制衣之始。"初"的本义是起始。

袂，形声字，"衣"做边旁，"夬"做声旁。"袂"，衣服的袖子。古人的衣袖由"袪"和"袂"两部分组成。"袪"，袖体，从肩到手腕处，因为双袖是从衣服躯干部分横出而去，所以叫"袪"。"袂"是从"袪"下开始续接的白色筒子，可以自由拆洗。

初　　袂　　补

襟，形声字，"衣"做边旁，"禁"做声旁。"襟"，上衣或长袍靠胸前的部分。

补，繁体字"補"，形声字，"衣"做边旁，"甫"做声旁。"补"，缝合衣服，使破衣服完好。

裹，形声字，"衣"做边旁，"果"做声旁。"裹"的本义是缠绕。

衷，形声字，"衣"做边旁，"中"做声旁。"衷"，里面贴身穿的内衣。

裹　　衷　　袤

袤，形声字，"衣"做边旁，"矛"做声旁。"袤"的本义是衣裳的衣带以上的部分。还有一种说法认为，在描述广阔地域时，南北向叫"袤"，东西向叫"广"。在籀文中，"袤"字采用"楙"做边旁。"袤"在字形上是把"衣"字撑开、张大，中间塞进去一个"矛"字。

三心四火五月

"心""火"和"月"是构成汉字的重要偏旁。所谓"三心四火五月",是指常见的"心"的三种偏旁类型、"火"的四种偏旁类型、"月"的五种偏旁类型。

三 心

心之官则思,古人认为心脏是人类的思维器官,所以由偏旁"心"构成的字大都跟思想和心理活动有关,如"思""闷""忿""怒""恳""念""恋""怨""忆""憾""慎""慕""恭"等字,"心心相印""心有灵犀""心照不宣""惺惺相惜""怜香惜玉"等词。偏旁"心"在构成汉字时,主要有三种类型:

一、常态——"心"

"心"在合体字的下部做底时,保持原形不变,如"态""感""想""忌""急""念""愁"等字。

心,象形字,形似泵血器官。

涉及器官类的汉字,大多以人作为标准。譬如,"心"是人的心脏,而不说是牛羊等的心脏;"耳""目""口""手""足"等也都是以人作为标准摹画的。

心　　　　态

态,繁体字"態",字形采用"心、能"会义,"能"兼做声旁。"态",意向。"能"是"态"的异体字,字形采用"人"做边旁。徐锴说:"心能其事,然后有态度也。"

感，形声字，"心"做边旁，"咸"做声旁。"感"，使人心动。

想，形声字，"心"做边旁，"相"做声旁。"想"，因期望得到而思念。

感　想

怒，形声字，"心"做边旁，"奴"做声旁。"怒"，愤恨。

恚（huì），形声字，"心"做边旁，"圭"做声旁。"恚"，怨恨。"怒"和"恚"二字互为训释。

怒　恚　怨

怨，形声字，"心"做边旁，"夗"做声旁。"怨"，同"恚"，藏恨于心。

恐，形声字，"心"做边旁，"巩"做声旁。"恐"，惧怕；"惧"，恐怕。"恐""惧"二字互为转注。

恐　愁

愁，形声字，"心"做边旁，"秋"做声旁。"愁"，忧心忡忡。

忌，形声字，"心"做边旁，"己"做声旁。"忌"，憎恨，反感。

急，形声字，"心"做边旁，"及"做声旁。"急"，偏狭的心态。

忌　急

二、立心——"忄"

"心"在合体字的左部，变形为"忄"，这主要是出于整体字形美观和谐的需要。我们知道，汉字是方块字，过长、过胖都会使字形显得松散、不紧凑。而汉字中有大量合体字，它们由或表义或表声的其他字通过左右、上下等结构方式组成，于是各部分只有做适当变形，才能让整体字形和谐美观。如："人"和"木"合成"休"字，"人"变形为"亻"。"心"与其他偏旁构成合体字，"心"在合体字的左部时，通常变形为"忄"，如"惊""怜""悯""情""忆"等字；"心"在合体字的下部做底时，则保持原状，如"态""思""想""感""念"等字；"心"在合体字的下部做底时，遇上部是"八"字结构，则要变形为"小"，因为"八"字结构下方的空间狭长，如"恭""慕""忝"等字。

情，形声字，"心"做边旁，"青"做声旁。"情"，内心有所欲求的隐性动力。

忧，形声字，"心"做边旁，"尤"做声旁。"忧"的本义是心动。"慼"的异体字是"感"，同"忧"。

怜，繁体字"憐"，形声字，"心"做边旁，"粦"做声旁。"怜"，哀悯。

情 　　忧 　　怜

惜，形声字，"心"做边旁，"昔"做声旁。"惜"，哀痛。

悔，形声字，"心"做边旁，"每"做声旁。"悔"，悔恨、自恨。

怀，繁体字"懷"，形声字，"心"做边旁，"裹"做声旁。"怀"，内心挂念。

惜 　　悔 　　怀

三、竖心——"忄"

恭，形声字，"心"做边旁，"共"做声旁。"恭"，态度肃敬。"恭"和"敬"存有细微差别：居处恭，执事敬，貌思恭，事思敬。

恭 　　慕

慕，形声字，"心"做边旁，"莫"做声旁。"慕"，因喜爱而学习、模仿。

忝，形声字，"心"做边旁，"天"做声旁。"忝"，本义是感到耻辱、羞辱，常用于自谦之词"忝列"。由"忝"做声旁的字有"添""舔""掭""菾"等。

四　火

人类认识、使用并掌握火，是人类认识自然并利用自然来改善生产和生活的一次重要实践。火的利用，在人类文明发展史上有着极其重要的意义。从100多万年前的元谋人，到70多万年期的北京人，都留下了用火的痕迹。原始社会时期，人类利用火，可以在夜里驱赶虫蛇野兽；吃熟食，获得更加丰富的营养，且更卫生、健康；刀耕火种，促进农业发展，增加粮食产量；冶炼铜、铁，发明陶器等。火促进人类体制和社会的发展，最终把人和动物分开。

与火相关的字，大都采用"火"做边旁。"火"作为偏旁，主要有"火""灬""尛""示"四种类型。

一、常态——"火"

"火"作为偏旁，一般位于字的左部，如"烘""烤""燃""烧""炊""灶""烛""炷"等；少数位于字的下部而不变形，如"灭""炙""灸""灰"等；极少数位于字的右部，如"耿""伙"等。

烧，形声字，"火"做边旁，"尧"做声旁。"烧"，焚草种地。

烧　　烛

烛，繁体字"燭"，形声字，"火"做边旁，"蜀"做声旁。"烛"，庭中照明的火把、火烛。

烦，会意字，字形采用"火、页"会义。"火"表示身体发热发烧，"页"指头部。"烦"，因身体发热而头痛。另一种说法认为，"烦"是形声字，声旁是省略了"林"的"焚"。

炎，从重"火"（字形由两个"火"会义而成）。"炎"，火光上腾。

幽，甲骨文字形采用"火"和两个"幺"会义。"幺"，微小。"幽"，本义是火光极为微弱。光线充足为"显"，火光微弱为"幽"。其篆书字形采用"山、玆"会义。"玆"同"丝"，微小。微则隐，"幽"指隐而不现。

焕，形声字，"火"做边旁，"奂"做声旁。"火"，火把；"奂"，即"换"，更新。"焕"，本义是更新火把的炷头，使火光更旺。成语"焕然一新"正是基于此义。

灸，形声字，"火"做边旁，"久"做声旁。"灸"，用香草（艾草等）灼疗。

赤，会意字，字形采用"大、火"会义，像一个人（"大"）身在熊熊大火中。"赤"，本义是火刑，用大火处决罪人。执行火刑为"赤"，将死囚从火刑中放生为"赦"。"烾"是"赤"的异体字，字形采用"炎、土"会义。

二、底部之火——"灬"

偏旁"火"位于合体字的底部时，为了使整体字形更加紧凑美观，一般变形为"灬"，如"热""熏""煮""蒸""熟""照"等字。

庶，会意字，字形由"广、廿、火"会义而成，或说由"广、芡"会义而成。"芡"，"光"的异体字。"广"，房屋，与"灬"搭配，就是烧火的房屋，本义指烧火蒸煮；因烧火煮饭是奴隶的事务，引申为奴隶，后泛指百姓、平民，又引申为众多、繁多；烧火煮饭的地方都在旁侧之屋，故又引申为宗族的旁支、非正妻所生之子；庶子与嫡子相近，故又引申为庶几、差不多。

庶　　熙　　然

熙，形声字，"火"做边旁，"䇜"做声旁。"熙"，干燥。

然，形声字，"火"做边旁，"肰"做声旁。"然"，本义是烧烤。

黑，会意字，字形采用"炎、囱"会义。"炎"，火焰上腾；"囱"，即烟囱。"黑"，经烟火熏染后形成的颜色。

爇（ruò），形声字，"火"做边旁，"埶"做声旁。"爇"，烧也；"烧"，爇也，二字互为转注。

黑　　爇　　热

热，繁体字"熱"，形声字，"火"做边旁，"埶"做声旁。"热"，给食物加温。

注意，"灬"作为偏旁，并不都指代火，也可作动物尾巴或四肢的象形，如"燕""熊""罴"等。

三、变形之一——"小"

"火"在有些合体字中会变形为"小"，如"光""隙""寮"等字。

光，会意字，字形采用"火、人"会义，像火把在人的上方，是光明的意思。"光"上部的"火"变形为"小"。

光　　𡭴　　寮

𡭴，会意字，字形采用"小、白、小"会义。"小"，日光、火光；"白"，日光亮白。"𡭴"，墙壁交接处的缝隙可以漏进来一线光亮。"𡭴"就是如今通用的"隙"，指缝隙。"𡭴"字上下的"小"是"火"的变形。

尞，会意字，字形采用"火、眘"会义。"眘"是"慎"的古文。"尞"，烧柴祭天。"尞"下部的"火"变形为"小"。"撩""寮""瞭""燎""僚""缭"等字都以"尞"为声旁。

四、变形之二——"示"

票，会意字，字形采用"火、西"会义。"票"，火焰飘飞。"票"下部的"火"变形为"示"。"飘""漂""嫖""瞟""缥""嘌""瓢""骠"等字都以"票"为声旁。

票

五 月

"月"作为偏旁，有五种常见类型。

一、"日月"之月

偏旁"月"位于字的右半部分时，一般跟月亮、时间、光亮有关，如"明""朗""朝""朔""望"等。中国的阴历就是以月亮绕地球的周期来计算的，所以有些带偏旁"月"的字有时间意义。

月，象形字，像月缺之形。"月"就是月球、月亮，会反射太阳的光辉，周期性绕地球旋转。中国古典文学中有许多关于月亮的传说，如嫦娥奔月、吴刚伐树等。

月　　朔

朔，形声字，"月"做边旁，"屰"做声旁。月亮形状自农历的每月初一开始从弦月向满月复苏，"朔"指农历每月初一。

望，会意字，字形采用"月、臣、壬"会义。"月"，月亮；"臣"，眼睛的侧写，看；"壬"，指朝廷。"望"，相对于"朔"，为农历十五月满之际。"月满与日相望，以朝君也。"古代把国君比喻为"日"，把大臣比喻为"月"，月满之时，大臣们朝拜国君。

望，形声字，"亡"做边旁，有所省略的"朢"做声旁。"朢"，对外出流亡的亲人，期盼他们返回家乡。"望"以"朢"为声，"朢"以"望"为义。后来，这两个字的区别模糊了，"朢"逐渐被"望"替代，"朢"就废弃不用了。

明，会意字，字形采用"日、月"会义，日月为明。"明"，日月照耀，光线亮。籀文作"朙"，小篆和隶书则沿袭"朙"的写法。"朙"，字形由"月、囧"会义。《干禄字书》表示，"明"是通俗写法，"朙"是比较正式的写法。《开成石经》作"明"，颜真卿作"朙"，《汉石经》作"明"。

望　　明　　朗

朗，形声字，"月"做边旁，"良"做声旁。"朗"，月光明亮。

朝，在篆书中，字的左半部分，上下皆为"中"，中间为"日"，表示太阳还在草丛中；右半部分为"月"。这种场景就是"朝"，新的一天中日月交替之时。

朦，形声字，"月"做边旁，"蒙"做声旁。"朦"，月光不明。

胧，繁体字"朧"，形声字，"月"做边旁，"龍"做声旁。"胧"，月光不明。

朦　　胧

二、"夕"之月

夕，与"月"同源，后来分化。"夕"，本义是月亮初显的黄昏。日初出为"朝"，月初出为"夕"，月高人静为"夜"。《说文解字》解释为：夕，字形是"月"字的变形，像月亮半隐半现，本义是太阳下山，即晚上。

夕

夙，会意字，字形采用"夕、丮"会义。"夕"，残月；"丮"即"执"，双手有所操持，像一个人在月夜下劳动，表示天未亮就开工。"夙"，本义是在星月下通宵劳作。

夜，形声字，"夕"做边旁，有所省略的"亦"做声旁。"夜"，表示入舍休息，是天下万民入舍睡觉的时间。"昼"的偏旁是"日"，"夜"的偏旁是"月"。昼作夜息，日出而作，日落而息。

夙　　　　夜　　　　名

名，会意字，字形采用"口、夕"会义。"夕"，天黑。天黑了，人们不相见，所以用嘴向别人说自己的名。"名"，自称。

外，会意字，字形采用"夕、卜"会义。"夕"，晚上；"卜"，占卜。人们通常在白天行占卜之事，在夜晚占卜便属例外了。"外"，疏远。

外　　　　外（古文）　　　　梦

梦，繁体字"夢"，形声字，"夕"做边旁，省略了"目"的"薔"做声旁。"夕"，晚上。"梦"，不明不白的意识。

三、"肉"之月

偏旁"月"在左部和下部的字，一般与"肉"有关，如"胖""肥""胸""肚""胃""肾""肝""腿""骨""胳""臂""育""祭"等。

股，形声字，"肉（月）"做边旁，"殳"做声旁。"股"，大腿。林嗣环《口技》："两股战战，几欲先走。"

股　　　　胫

胫，形声字，"肉（月）"做边旁，"巠"做声旁。膝盖以下、脚踝以上的部分就是"胫"，即小腿。成语"不胫而走"，形容没有腿却能跑，比喻消息走漏传播之快。

脍，形声字，"肉（月）"做边旁，"会"做声旁。"脍"，将要煮的生肉切成细条或薄片，即细切之肉。

炙，会意字，字形由"月、火"会义而成。"月"是"肉"的变形。"炙"，炮肉、烤肉。成语"脍炙人口"：脍，细切的肉；炙，烤肉，原指人人爱吃的美食，常用来比喻人人赞美的事物或传诵的诗文。

脍　　炙

膺，形声字，"肉"做边旁，省略了"心"的"應"做声旁。"膺"，胸。李白《蜀道难》有"以手抚膺坐长叹"的诗句。

肯，会意字，字形采用"月、止"会义，"月"，肉；"止"，就是脚。"肯"，附着在骨头上的肉。

腊，形声字，"肉（月）"做边旁，"巤"做声旁。"腊"，肉干。冬至后的第三个戌日起，人们开始晒制肉干，以之祭慰百神。

腊　　肖

肖，形声字，"肉（月）"做边旁，"小"做声旁。"肖"，骨肉相似也，即体貌相似。

胡，形声字，"肉（月）"做边旁，"古"做声旁。"胡"，本义是牛自颐至颈下垂肥者（牛脖子垂下来的肉）。北方民族以放牧牛羊马为生，故被称为"胡人"。

腥臊，古作"胜臊"。胜（xīng），形声字，"肉"做边旁，"生"做声旁。"胜"，一说是肉不熟，生的；一说是狗膏（肥油）的气味。臊，形声字，"肉"做边旁，"喿"做声旁。"臊"，猪膏（肥油）的气味。

胡　　胜　　臊

四、"舟"之月

俞，会意字，字形采用"亼、舟、巜"会义。"月"，"舟"的变形。"巜"，就是水。"俞"的本义是把大木头掏空做成小船。"亼"可作为房屋、顶盖理解，倒舟过来就像"亼"；也可作为"集中"来理解，木头掏空后可集中存放物品等。

俞

五、"丹"之月

丹，巴蜀吴越地带的赤色矿石，字形像采丹的井口，其中的一点表示赤色矿石。

丹　　　丹（古文）　　　青

青，会意字，字形采用"生、丹"二字会义。"生"，长出；"丹"红色的，这里指火。五行之中，"木"属东方，木生火；"青"是具有东方特征的颜色。简体字"青"，其偏旁"丹"变形为"月"。

水木清华

水、木归属五行。五行学说是中国古代的一种朴素的唯物主义哲学思想,属元素论的宇宙观。五行学说认为:宇宙间的一切事物,都是由水、火、土、木、金五种物质元素组成的,自然界各种事物和现象的发展变化都是这五种物质不断运动和相互作用的结果。

汉字当中,以五行作为偏旁的字,表义能力都很明显,如"金"。由偏旁"金"组成的字,很多都表示金属,如"铜""银""铁"等。而且,古人称铜为黄金,铅为青金,银为白金,铁为黑金,金则为赤金。由金属制成的工具,其字也大多从"金",如"针""钟""锹""锹""镞"等。

五行之字,均可单独、成双、成三成字,甚至四个成字:

水、沝、淼、㵘(màn);

火、炎、焱、燚(yì);

土、圭、垚;

木、林、森、森(pēng);

金、鍂(piān)、鑫。

水

五行之中,水代表北方属性,属水的颜色有黑色、蓝色。"水"作为偏旁,主要有"水""氵""川""冫"四种形式。

一、"水"

水,象形字,字形像众水同流,中间的一竖"丨"表示藏在水中的微阳气息。"水",平度的标准。

泰,字形采用"廾、水"会义,上部的"大"是声旁。"廾"代表左右两只手,"水"从两手之间流出来。"泰"的本义是润滑。"夳"是

"泰"的异体字。

水 　　　泰 　　　夳（小篆）

浆，形声字，"水"做边旁，省略了"寸"的"将"做声旁。"水"，代表汤汁饮品；"丬"，左半木的变形，代表床；"夕"，"月"（肉）的变形；"寸"，指代手。"浆"，本义是专为卧床的老幼或病人调制的流质营养食物。

沓，会意字，字形采用"水、曰"会义。"流水"的特点是不止息（川流不息），而话像水流一样不止息，就是"沓"。"沓"，话多不止。

泉，象形字，像水从石洞流出汇成河川的样子。"泉"，水源。

沓 　　　泉

永，象形字，像纵向的河水源远流长。"永"，本义是河水长流。

荥，形声字，"水"做边旁，省略了"火"的"熒"做声旁。"荥"，极小的水。

永 　　　荥

二、"氵"

带有偏旁"氵"的字有"治""汁""液""洗""涤""浮""汇""浇""洪""浪""满""漫"等。

法，古文"灋"，会意字，字形采用"水、廌、去"会义。"水"代表执法公平。古人观流水，观止水，发现水有趋平之德。所以，一切制度律令都要体现水德。"廌"，獬豸，传说中一种能明辨善恶是非的神兽。杨孚《异物志》记载："东北荒中，有兽名獬，一角，性忠，见人斗，则触不直者；闻人论，则咋不正者。""去"，剔除不正直、不守法之人。简体字"法"省略了"灋"字的"廌"，本义是法律、

法令。

法　　法（小篆）

梁，字形采用"木、水"会义，"刃"是声旁。"梁"，桥梁。

涕，形声字，"水"做边旁，"弟"做声旁。"水"，泪水；"弟"，疑是"弔"的误写，表示死亡。"涕"，本义是为死者落泪。

梁　　涕

涉，会意字，字形采用"水、步"会义。"涉"，本义是徒步过河。

沿，形声字，"水"做边旁，"㕣"做声旁。"沿"，顺着河流漂向下游。

派，会意字，字形采用"水、辰"会义。"派"，本义是分支的水流。

沿　　派

渊，最初为象形字，像中间有水洄流的深潭，本义指回旋的水，引申指深潭，又引申指深厚。后来，人们在其原有字形旁添上"水"字，以更好地展现"渊"之本义。偏旁"水"逐渐演化为"氵"。

滞，形声字，"水"做边旁，"带"做声旁。"水"，水流；"带"，束腰的布巾，表示水流受到约束而不流通。"滞"，比喻水流受阻，不畅通。

渊　　滞

渐，形声字，"水"做边旁，"斩"做声旁。"水"，河水；"斩"，表示切分成小的部分。"渐"，本义是多步骤分流治水。

溃，形声字，"水"做边旁，省略了"匸"的"匮"做声旁。

"匮",竹筐。"溃",本义为用竹筐盛水,水全漏。

渐 　溃

汩,会意字,字形采用"水、曰"会义。"水",溪流;"曰",说话。"汩",比喻溪流匆匆流淌时发出"嘀嘀咕咕"的声音,好像在自言自语一样。

洽,形声字,"水"做边旁,"合"做声旁。"水",支流、河流;"合",相会。"洽",本义为水流相汇。《说文解字》释其为沾湿。

汩 　洽

三、"川"

带有偏旁"川"的字有"顺""州"等。

川,象形字,贯穿通流水也。"川",在千山万壑间贯穿流通的河。

顺,会意字,字形采用"页、川"会义。"页",表示头部,代指思虑。"页""川"二字合译,强调思虑无碍,合乎心意。

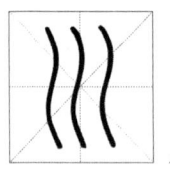

川 　顺

州,从重"川",即字形由两个"川"字组成。江河中央可以居住生活的岛叫"州",字形像河水环绕小岛。"州"的本义是水中陆地,后来写作"洲"。

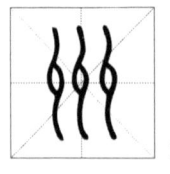

州 　州(古文)

四、"冫"

带有偏旁"冫"的字有"寒""冻""冷""凛""冽""凉"等。

仌，象形字，像水凝之形。"仌"，冰冻。

冰，会意字，字形采用"仌、水"会义。

冫，冰也，"氵"少一点即成冰。"凝""凌"的本义就是"冰"。

冰　　凝

冬，会意字，字形采用"仌、夂"会义。"夂"是"终"字的古文，走到尽头。"冬"的古体字采用"日"做边旁。"冬"，一年中最后一个时令。

冬　　冬（古文）

次，形声字，"欠"做边旁，"二"做声旁。"冫"是"二"的变形。"欠"，张口打呵欠，气散则不足，表示欠妥、欠火候。"次"有两层意思：①停滞不前（"冰"凝滞不流之意）；②低劣不精。

次　　次（古文）

"净""凄""决""凌""减""凑""冲""准"等的繁体字都是从"氵"，简化时改写作"冫"。所以，这些字与"冰"无关。

冲，本字为"沖"，意思是水往上涌时左右摇摆击打。

准，繁体字"準"，形声字，"水"做边旁，"隼"做声旁。天下莫平于水，水平谓之准。"准"，水平。

冲　　准

木

木，也是构成汉字的重要偏旁之一。以"木"为偏旁的汉字在

《现代汉语词典》中有六七百个之多，如树木名称："松""柏""杉""杨""柳""槐""桦""枫""桂""李""杏""桃""桔""柚""樟""桑""楠""桧"等；各种工具："柄""榜""枪""桌""案""椅""床""柜""格""梁""栋""橡"等。在合体字中，偏旁"木"可在上、在下、在左、在右、居中、在外等。"木"从中间破开，就成了左右半木的"丬"和"片"。

木在上的有"李""杏""杳""杰""查"等。

木在下的有"呆""杲""朵""柴""柔""桌""案""棠""桨""集""架""某""桀"等。

木在左的有"朴""材""杜""格""榜""样""极""树""权""杖""枚"等。

木在右的有"沐""琳"等。

木在中的有"困""栽""床"等。

木在外的有"束""枣""柬"等。

由"丬"构成的有"戕""牂""牁"等。

由"片"构成的有"版""牍""牒""牌""牖""牅"等。

"木"的构字能力很强，文人墨客也善于把由偏旁"木"构成的合体字进行拆字巧对：

孔明巧对辱周瑜

据说，三国时期，周瑜妒孔明之才能，欲除之，故与鲁肃宴请诸葛亮。席间，瑜曰："我与你以对联设赌，对得上——饮酒，对不上——砍头！敢否？"

孔明笑答："请出题。"

瑜曰："有水便是溪，无水便是奚，去掉溪边水，加鸟便是鸡。得志猫儿赛过虎，落毛凤凰不如鸡。"

亮答："有木便是棋，无木便是其，去掉棋边木，加欠便是欺。龙游浅滩遭虾戏，虎落平阳被犬欺。"

瑜大惊，又自恃妻子美貌，欲羞辱亮妻长得丑，便曰："有手便是扭，无手便是丑，去掉扭边手，加女便是妞。隆中有女长得丑，百里难挑一个妞。"

亮笑答："有木便是桥，无木便是乔，去掉桥边木，加女便是娇。

江东美女大小乔,曹操铜雀锁双娇。"

瑜大怒,欲反目。鲁肃忙劝曰:"有木便是槽,无木便是曹,去掉槽边木,加米便是糟。当今之计在破曹,龙虎相争岂不糟。"

言罢,两方哈哈大笑,一场干戈暂告平息。

木,象形字,一棵树的象形,本义是树木,后引申出木材、质朴、呆笨等义。五行之中,木代表东方属性,属木的颜色有青色、绿色。

未,字形是"木"上加"一","一"指事木上新发的嫩枝嫩叶。可食用的草木,其顶端的嫩叶味道最好,"未"即"味"。"未",又引申为微、小之义。

朱,字形是"木"中间加"一"。"木"中间的"一"是指事符号,表示在树干的内部。"朱"的本义是红心木,就是树心红色的树。

本,字形是"木"下加"一"。指事符号"一"在"木"下,表示位置在树的下部。树木的下面部分就是"本",即树根,泛指一切事物的根本。

杲,"日"在"木"上,表示太阳已经升高了,意为明亮。杲杲,(太阳)明亮的样子。

东,繁体字"東","日"在"木"中,本义是动。太阳慢慢从树丛中升起,太阳升起的方向就是东方。

杳,"日"在"木"下,形容昏暗不明。"杳然",形容沉寂或不见踪影。"杳如黄鹤",比喻人或物下落不明。

析,会意字,字形采用"木、斤"会义。"斤",斧头。"析",用斧头把木头劈成两半。

析　　新

新，形声字，"析"为形旁，"辛"为声旁。"新"的本义是劈柴。木头的外表经风吹日晒雨淋而变得陈旧，但被斧头劈开之后，里面依旧鲜亮崭新，所以，"新"又引申为崭新。

格，形声字，"木"做边旁，"各"做声旁。"格"，树木的长枝条。

材，形声字，"木"做边旁，"才"做声旁。"材"，有用的木料，大木材。小木材叫"柴"。

格　　材

朴，形声字，"木"做边旁，"卜"做声旁。"朴"的本义是树皮。后来，人们把没有经过木匠加工的木头叫作"朴"。

极，形声字，"木"做边旁，"及"做声旁。"极"，屋梁上最高的中栋。

朴　　极　　梳

梳，形声字，"木"做边旁，有所省略的"疏"做声旁。"梳"，做名词时指梳子，做动词时指梳理。

柴，形声字，"木"做边旁，"此"做声旁。"柴"，小木散材。"薪"与"柴"的区别是：大者可析谓之薪，小者合束谓之柴。薪施炊爨，柴以给燎。

柴　　集　　桑

集，会意字，字形采用"隹、木"会义。篆文和金文的"集"，均为木上三"隹"，意为群岛聚在树上。

桑，会意字，字形采用"叒、木"会义。"桑"，一种阔叶灌木。

梁，字形采用"木、水"会义，"刅"是声旁。"梁"，桥梁。

渠，字形采用"水、巨、木"会义。"巨"，既是声旁，也是形旁，表示大；"木"，木槽。"渠"，本义是用以调引水源的巨大木槽。

梁　　渠　　束

束，会意字，字形采用"木、口"会义，"口"，像绳子环绕的样子。"束"，捆绑。

困，会意字，字形采用"木、口"会义。"困"的本义是废弃的房屋。

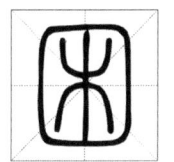

困　　困（古文）

鼎，三足两耳，是用来调和各种味料的宝器。"鼎"字下部是从当中破开的"木"，左边成"爿"，右边成"片"，表示剖开木头用以烧火煮饭。

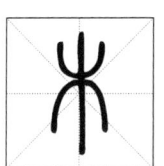

鼎　　木　　爿　　片

一、左半木——"爿"

"爿"是"爿"的变形写法。"爿"大多作为形声字的声旁，表音。

戕，形声字，"戈"做边旁，"爿"做声旁。"戕"，残杀、杀害。

壮，形声字，"士"做边旁，"爿"做声旁。"壮"，强大。

状，形声字，"犬"做边旁，"爿"做声旁。"状"，犬的外形，引申为形状。

戕　　壮　　状

妆，形声字，"女"做边旁，省略了"木"的"爿"做声旁。

"妆",修饰。

将,形声字,"寸"做边旁,省略了"酉"的"酱"做声旁。"将",军队最高统帅。

斨,形声字,"斤"做边旁,"爿"做声旁。"斨",一种斧头(方銎斧)。

妆 　　将 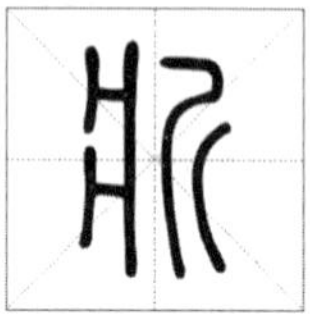　　斨 　　墙

墙,繁体字"牆",形声字,"嗇"做边旁,"爿"做声旁。"墙",垣墙,用以防偷防盗。

二、右半木——"片"

由偏旁"片"构成的形声字中,"片"大多做形旁表义,如"牌""牖""版""牍""牒""牑"等字。

版,形声字,"片"做边旁,"反"做声旁。"版",被劈成薄片的板块。

牍,形声字,"片"做边旁,"卖"做声旁。"牍",书版。在发明活字印刷术之前,古人采用整版雕刻的书版制书。策,就是简;方,就是版。古代书版,方形,边长一尺,通常叫尺牍。

版 　　牍

牒,形声字,"片"做边旁,"枼"做声旁。"牒",小木札。

牑,会意字,字形采用"片、户、甫"会义。"片",木段、木条;"户",房屋;"甫",房屋的辅助构件,可以让房屋更加坚固、美观。"牑",墙壁上的窗户。

牒　　牑

夏布丝巾

明玕妙联却夫婿

沈氏,字明玕,姑苏女子,纪晓岚的妾侍,自幼神思朗彻。

一个暑日,明玕用一种很薄的类似于纱布的夏布糊窗,让阳光得以透过横竖相间的窗棂。由此,她偶得一联:"夏布糊窗,个个孔明诸格亮。"联中巧妙地融入三国人物诸葛亮(字孔明),且"葛"与"格"又为谐音,明白如话,自然有趣。明玕妙手偶得此联,即使是联坛不倒翁的纪晓岚也难以对出下联。

后世文人对此绝联产生了浓厚兴趣,一个个摩拳擦掌,跃跃欲试,似乎能对出下联,就可才超纪学士。有人干脆把纪晓岚拽进联里,曰:"山神望天,片片石云霁晓岚。"霁与纪谐音,石云又是纪晓岚的晚号。联意为山神看天,见片片绕石的云彩搅着雨后山里的雾气。联以纪晓岚对诸葛亮,一个是蜀汉丞相,一个是大清的协办学士,正不相上下。

"夏布糊窗,个个孔明诸格亮"之"夏布",包括"丝"和"巾"等。"丝"和"巾"都是制衣的基本材料。"衣""丝""巾"都跟衣物有关。用葛藤纤维织成的布就是葛巾,是最古老的纺织品;用苎麻纤维织成的布叫麻布;用蚕丝织成的则叫帛。古代富人穿帛,平民穿麻,穷人穿葛。

丝

以"丝"作为偏旁的字,很多都跟丝麻、绳索、捆绑、编织有关。"丝"也指乐器、音乐,如"无丝竹之乱耳,无案牍之劳形"。偏旁"丝"放在字的下部做底时,写成"糸";放在字的左部时,写成"纟"。

一、底部之"糸"

紧，繁体字"緊"，会意字，字形采用"臤"（qiān）和省略了"糸"的"丝"会义。"臤"，字形采用"臣、又"会义。"又"，是手，牢固地抓握就是"臤"。"丝"，丝绳。"紧"，用手把丝绳缠紧，与"松弛"相对。

奚，会意字，字形采用"爫、糸"会义。"奚"，本义是抓住人（罪人）的小辫子。

紧　　奚

紊，形声字，"糸"做边旁，"文"做声旁。"紊"，丝绪纷乱。成语"有条不紊"指有条理而不紊乱。

紫，形声字，"糸"做边旁，"此"做声旁。"紫"，丝帛呈青（黑）赤色。

縻，形声字，"糸"做边旁，"麻"做声旁。"縻"，牛辔、马辔，指牵牛马、控牛马的绳子。

紊　　紫　　縻

徽，形声字，"糸"做边旁，省略了"几"的"微"做声旁。"徽"，三股丝麻绞成的绳子，即三股辫。

絮，形声字，"糸"做边旁，"如"做声旁。"絮"，破旧的丝绵。

徽　　絮

累，会意字，字形采用"糸、田"会义。"田"，很多的样子。"累"，丝绳积累很多。

索，会意字，字形采用"宋、糸"会义。"索"，用草木茎叶编成的绳子。

紫，形声字，"糸"做边旁，省略了"火"的"熒"做声旁。"縈"，收卷丝绳。收丝绳一般采用卷绕的方式，故有"萦绕"一词。

素，会意字，字形采用"糸、巫"会义，表示润泽下垂。"素"，未染色的白色丝织品。

索　　　　萦　　　　素

二、偏旁之"糹"

纨绔，本指用细绢做的裤子，后指代贵族子弟。"自古富贵多淑女，从来纨绔少伟男"，容易教养出有涵养的女孩，却不容易教养出有品格、才能的男孩，所以也有"女要富养，儿要穷教"的说法。

缧绁，本指捆绑犯人的绳索，借指牢狱。

缮，形声字，"糸"做边旁，"善"做声旁。"缮"，缝补衣服。

经，形声字，"糸"做边旁，"巠"做声旁。"经"，纺织。

缮　　　　经

红，形声字，"糸"做边旁，"工"做声旁。"红"，丝帛呈浅赤色。

绡，形声字，"糸"做边旁，"肖"做声旁。"绡"，生丝。

红　　　　绡

辫，形声字，"糸"做边旁，"辡"做声旁。"辫"，交织、交缠。

练，繁体字"練"，形声字，"糸"做边旁，"柬"做声旁。"练"，把丝织品沤煮得发软发白。"白练"就是白色的丝织品。

辫　　　　练

绅，形声字，"糸"做边旁，"申"做声旁。"绅"，束腰的大带子。

"绅士"的本义是腰束大带的男子。

绘，繁体字"繪"，形声字，"糸"做边旁，"會"做声旁。"绘"，五彩的刺绣。

绅 　绘

级，形声字，"糸"做边旁，"及"做声旁。"级"，丝织品的等级。

结，形声字，"糸"做边旁，"吉"做声旁。"结"，丝线纠缠在一起，不可分解。

级 　结

巾

乾隆测"帛"字

传说乾隆皇帝喜欢微服私访。一次，他在苏州看见有个算命先生正给人测字，就让身旁的太监去试一试。太监看了看身上的帛衣，就写了个"帛"字。算命先生说："'帛'字，上面是'白'，下面是'巾'，'白巾'是办丧事用的。你家里恐怕有人要出事了。"正巧这位太监的父亲最近得了重病，太监一听，被吓得全身直冒冷汗。乾隆心想：这个算命先生还测得挺准，让我来考他一下。乾隆故意也写了一个"帛"字，让他去测。算命先生把乾隆从头到脚打量了一番，连忙鞠躬行礼说："先生大富大贵呀！"乾隆问他怎么知道，他指着"帛"字说："上头是个'白'字，皇帝的'皇'字上头也是个'白'字；'帛'字下边是个'巾'字，皇帝的'帝'字下边也是个'巾'字。所以，'帛'字是'皇头帝脚'，您有天子之命啊！"乾隆一听，哈哈大笑，心里十分开心，就命随从赏了算命先生一锭银子。

巾，从"冂"，"丨"像系，佩戴的饰巾。以"巾"为偏旁的字大都跟织物有关，如："布""币""带""帆""帕""幛""帐""帽"

"幌""幔""幕""帷""幄"等。

帛，形声字，"巾"做边旁，"白"做声旁。"帛"，丝织物的总称。所以，金帛为"锦"，木帛为"棉"。"帛"又叫"幣"（币），因为它可以蔽体。丝帛是机织的，宽度固定，质地细密，色泽美观，可以当作通货（钱币）使用。

帛 　　布

布，形声字，"巾"做边旁，"父"做声旁。"布"的本义是用葛麻等植物纤维做成的纺织物，即麻布或葛布。古时候，平民百姓一般只能穿布衣，官吏、贵族才能穿帛，所以"布衣"特指平民百姓。"布衣蔬食"指穿布衣、吃粗劣的饭食，代指清苦生活。后来，"布"引申出布局、散布等义。

希，会意字，字形采用"爻、巾"会义。"爻"像经纬之交织，下部的交叉变形为"ナ"；"巾"表示纺织品。"希"就是葛布。古代的纺织技术低下，葛麻纤维经纬交织不够紧密，会留有许多小孔，所以葛布很稀疏。"希"的小孔透光，引申为希望。

常，形声字，"巾"做边旁，"尚"做声旁。"常"的本义是下身穿的裙裤。古时候，人们称上身穿的叫"衣"，下身穿的裙裤叫"常"，即"裳"。"裳"是"常"的异体字。

常 　　裳

幅，形声字，"巾"做边旁，"畐"做声旁。"幅"的本义是布帛的宽度。"幅员""幅度"等词正源自此义。

帅，繁体字"帥"，会意字，字形采用"巾、𠂤"会义。"帅"，本义是佩巾。其现代汉语常用义为统帅、元帅。

幅 　　帅

夏布丝巾

帮，形声字，"巾"做边旁，"邦"做声旁。"帮"的本义是鞋子的边缘部分，即鞋帮。其现代汉语常用义为帮助、帮忙。

帘，繁体字"簾"，形声字，"巾"做边旁，"廉"做声旁。"帘"，旧时酒家用作店招的旗帜，也指进出堂屋时过的门帘。其现代汉语常用义是窗帘。

帖，形声字，"巾"做边旁，"占"做声旁。"帖"，本义是帛布上书写的题签。"帖"在现代汉语中有两种读音，一读去声，如"字帖""碑帖"；二读上声，如"请帖""帖子"。

帘 　　　帖

幕，形声字，"巾"做边旁，"莫"做声旁。"幕"的本义是覆盖在物品上面的帐，也指挂着的大块的布状物。

带，繁体字"帶"，会意字，字形采用"巾、冊"会义。"冊"，像系佩的样子；衣佩一定有巾，所以字形采用"巾"做边旁。"带"，较宽的衣带。

幕 　　　带

小女才高

苏小妹不让须眉

传说苏东坡有个妹妹叫苏小妹,自幼深受家门书香熏陶,聪明伶俐、才华出众、文思敏捷。佛印和尚与苏东坡的妹妹苏小妹曾有过一次"拆字联"妙对。

有一天,佛印和尚去拜访苏东坡,大讲佛力广大、佛法无边。坐在一旁的苏小妹有意开他的玩笑:"人曾是僧,人弗能成佛。"佛印一听,也反戏她一联:"女卑为婢,女又可为奴。"苏小妹和佛印的妙对,就是利用拆字法巧拼"僧""佛""婢""奴"四字互相戏谑,妙趣横生。

农妇妙对逐纨绔

有个财主家的少爷,自以为读了几本书,就爱耍点小聪明戏弄人。一次,他出去游逛,看见一位貌美的少妇在木桥上淘米,便嬉皮笑脸地说道:"有木便为桥,无木也念乔,去木添个女,添女便为娇,阿娇休避我,我最爱阿娇。"

少妇听后,心里十分厌恶,瞪了他一眼,便毫不客气地回敬道:"有米便为粮,无米也念良,去米添个女,添女便为娘,老娘虽爱儿,儿不敬老娘。"

少爷讨了个没趣,灰溜溜地走了。

花木兰女扮男装代父从军;李清照才华横溢,光耀宋代词坛;卓文君能诗善画,与司马相如的爱情佳话传唱至今;蔡文姬博学多才、精通音律,读《胡笳十八拍》可令惊蓬坐振、沙砾自飞;上官婉儿聪慧善文,驰名文坛政坛,被誉为"巾帼宰相";等等。这些都是小女子不让须眉的典范。

小

"小"与"少"在字形和读音方面只有微小的差别。在很多古文中,"少""小"通用。它们应当是同源词,物少则小。"从现有材料看,春秋时代的铜器铭文才发现小、少分化为两个字。"(赵诚《甲骨文简明词典》)

小,会意字,字形采用"八、丨"会义。"八",把物分开,凡物分之则小;"丨",象征把物从中间切开细分。"小",细微。

少,形声字,"小"做边旁,"丿"做声旁。"少",不多。在现代汉语中,"少"读上声时,主要指数量少,与多相对,如"凶多吉少""少言寡语""缺斤少两"等;"少"读去声时,表示年纪轻,与老相对,如"男女老少""少小离家老大回""少不更事"等。"少"部从"虫",指初生的蚁蚕等极小之物;"少"部从"亻",指小孩;"少"部从"幺",有幼小之义;"少"部从"木",则指树梢、木末,树木的细小部分。

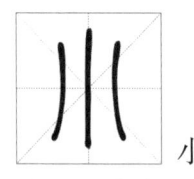

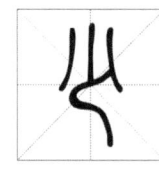

小　小　秒

秒,形声字,"禾"做边旁,"少"做声旁。"禾",稻麦等庄稼;"少",即小。"秒",禾芒、禾稍,稻禾的芒尖。"渺茫"一词就源自"秒芒",指小到视域之外,看不见。禾芒又小又短,所以"秒"引申用作时间单位。

眇　劣

眇,字形采用"目、少"会义,"少"也兼做声旁。"眇",瞎了一只眼,后亦指两眼俱瞎,引申为小,又引申为微妙之义。在古籍中,"眇"与"妙"似可通用,如《史记》之"户说以眇论",《周易》之"眇万物而为言",《陆机赋》之"眇众虑而为言"等。

劣,会意字,字形采用"力、少"会义。"劣",弱小。

女

女，象形字，像妇人之形。

姊，形声字，"女"做边旁，"㞢"做声旁。"姊"，姐姐。

妹，形声字，"女"做边旁，"未"做声旁。"妹"，同辈女孩中比自己年纪小的。

女　　　姊　　　妹

姑，形声字，"女"做边旁，"古"做声旁。"姑"的本义是丈夫的母亲。现在，"姑姑"是对父亲姐妹的称呼。

威，会意字，字形采用"女、戌"会义。"戌"，斧钺。女子与斧钺结合，其实是取斧钺的权力象征意义。《说文解字》："威，姑也。"

姑　　　威

安，会意字，字形采用"宀、女"会义。"宀"，房屋。屋下有女即为安。"安"的本义是娴静。

好，会意字，字形采用"女、子"会义。"好"的本义是女子貌美。

安　　　好

姣，形声字，"女"做边旁，"交"做声旁。"姣"，漂亮。

妙，会意字，字形采用"女、少"会义。"少"，微小，这里指年龄小。"妙"的本义是青春少女，后来引申出美妙、神奇等意思，如"妙笔生花""妙趣横生""妙手回春""妙不可言"等词。

娇，形声字，"女"做边旁，"乔"做声旁。"乔"，高而弯曲。"娇"的本义是女子可怜可爱的姿态。

妩，"女"做边旁，"无"做声旁。"妩"，娇媚。

娇 　　妩

妣，形声字，"女"做边旁，"比"做声旁。父、母、妻死后，相应称其为"考""妣""嫔"。"如丧考妣"就是指好像死了父母一样悲痛。

妣 　　妣（籀）

雨淋头妙喻

妙喻化风波

苏格拉底是著名的哲学家。但他的妻子却是个泼妇,经常无事生非,闹得家里鸡犬不宁。

一次,苏格拉底和来客正探讨哲学问题,他的妻子又大发脾气,高声叫骂。苏格拉底装作没听见,仍然和朋友交谈。妻子见丈夫不理她,怒火中烧,忍不住顺手端起一盆冷水,劈头浇向苏格拉底。苏格拉底顿时成了落汤鸡。这时,苏格拉底不仅不愠不怒,反而幽默地说:"我早就知道,雷声过后必有倾盆大雨。"来访朋友笑了,连撒泼的妻子听了也忍俊不禁。一场风波就此平息。

妙喻巧对

唐太宗谓许敬宗曰:"朕观群臣,惟有卿贤,犹有言卿之过者,何也?"许敬宗曰:"臣闻,春雨如膏,滋长万物。农夫喜其润泽,行人恶其泥泞。秋月如镜,普照万方。佳人喜其玩赏,盗贼恶其光辉。天尚且不尽如人意,何况臣乎……臣无羊羔美酒,焉能以调众口。是非朝朝有,不听自然无。君听臣遭诛,父听子遭折,夫妇听之离,朋友听之绝,亲戚听之疏,乡邻听之别。人生七尺躯,谨防三寸舌,舌上有龙泉,杀人不见血。此之谓也。"太宗曰:"善哉!"

上面两则有关"雨"的妙喻,非常贴切。

雨

雨,象形字。字形顶部的"一"像天穹,"冂"像低垂的云团,水零落其间。"雨",水从云层降下地面。"云腾为雨,凝露为霜",与雨相关的字一般采用"雨"做偏旁,如"雪""雾""露""霜""雹""霞"等。

雨　　需　　霄

需，形声字，"雨"做边旁，"而"做声旁。遇雨无法前进，停下等待。"需"的本义是等待。

霄，字形采用"雨"做边旁，"肖"做声旁并参与字义。"肖"即"小"。"霄"，雨滴变小变细，指雨云。

雯，形声字，"雨"做边旁，"文"做声旁。"雯"，云影。

霖，形声字，"雨"做边旁，"林"做声旁。"霖"，连续下雨三天以上。

霆，形声字，"雨"做边旁，"廷"做声旁。"霆"，雷声。

霖　　霆

震，形声字，"雨"做边旁，"辰"做声旁。"震"，霹雳，引申为震动。

震　　震（籀文）

零，会意字，字形采用"雨、口"会义。"口"，表示祈祷。"零"，向天神求雨。部分金文将甲骨文字形中的一个"口"改成三个"口"（念念不停地祝祷），强调祷告之深，求雨之切。部分金文用"令"（要求）代替"口"，表示天子求雨，神效灵验。

零　　霎　　霏

霎，会意字，字形采用"雨、妾"会义。"霎"，本义是飘洒的小雨。

霏，字形采用"雨、飛（飞）"会义。"飞"，既是声旁，也是形旁，表示飘舞。"霏"，本义是雨雪飘飞。篆文以同音的"非"代替籀文的"飞",变成形声字。

页

页,繁体字"頁",字形采用"百、儿"会义。"儿","人"的变形。"頁"的本义就是头。"頁"可看作"首"的变形。以"页"作为偏旁的字大都与头有关,如"须""颈""颊""颅""顶""颧""颔""颇"等。

颠,形声字,"页"做边旁,"真"做声旁。"页",头。"颠",头顶。

颜,形声字,"页"做边旁,"彦"做声旁。"页",头。"颜",最初指双眉间的印堂穴,后引申为额头。

顾,繁体字"顧",形声字,"页"做边旁,"雇"做声旁。"页",头。"顾"的本义是回头看。"回顾""照顾"等词均有此义。

颤,形声字,"页"做边旁,"亶"做声旁。"页",头。"颤"的本义是头摇摆不定。

顾 　颤

颓,形声字,"页"做边旁,"秃"做声旁。"页",头。"颓"的本义是头秃。

顽,形声字,"页"做边旁,"元"做声旁。"页",头。"顽",很难劈开的木头,指脑袋不开窍。"冥顽不灵""顽固不化"等词均源自此义。

颂,形声字,"页"做边旁,"公"做声旁。"页",头。"颂"的本义是仪表容貌。

颗,形声字,"页"做边旁,"果"做声旁。"页",头。"颗"的本义是小头,引申指颗粒状物。

顽 　颂 　颗

颁，形声字，"页"做边旁，"分"做声旁。"页"，头。"颁"的本义是脑袋很大的样子。

颐，形声字，"页"做边旁，"臣"做声旁。"页"，头。"颐"的本义是下巴。

项，形声字，"页"做边旁，"工"做声旁。"页"，头。"项"，颈脖的后部。

领，形声字，"页"做边旁，"令"做声旁。"页"，头。"领"，脖颈。

颁 　　　　项 　　　　领

顿，形声字，"页"做边旁，"屯"做声旁。"页"，头。"顿"的本义是以头叩地。

硕，形声字，"页"做边旁，"石"做声旁。"页"，头。"硕"的本义是头颅巨大。

烦，会意字，字形采用"火、页"会义。"火"表示身体发热发烧，"页"指头部。"烦"，因身体发热而头痛。

顿 　　　　硕 　　　　烦

顷，会意字，字形采用"匕、页"会义。"页"，头；"匕"，表示不正。"顷"的本义是头歪，不端正。

额，繁体字"額"，形声字，"页"做边旁，"各"做声旁。"页"，头。"额"，人脸头发以下、眉毛以上的部分。

顺，会意字，字形采用"页、川"会义。"页"，表示头部，代指思虑。"页""川"二字合译，强调思虑无碍，合乎心意。

题，形声字，"页"做边旁，"是"做声旁。"页"表示头部。"题"的本义是额头。

顷 　　　　顺 　　　　题

玉石俱佳

纪昀妙联伴君游

乾隆皇帝下江南,来杭州,游西湖。

一行人到了湖心,但见红莲映日,绿叶接天。船儿轻轻划过,一只青蛙从水中跳到一片荷叶上。这时,一直闷闷不乐的和珅诡秘一笑,心想:纪晓岚一路上算是风光够了,这次,我也要在皇上面前露一手,捉弄捉弄他。于是,和珅指着刚刚跳起的青蛙,对纪晓岚说:"出水蛤蟆穿绿袄。"纪晓岚时任侍郎,着绿色官服。和珅此句是把纪晓岚比作蛤蟆,加以戏弄。

纪晓岚听后,立刻面带微笑地说:"和大人,落汤螃蟹罩红袍啊!"和珅当时任尚书,着红色官服。纪晓岚回敬的这一句不仅对仗工整,而且把和珅比作横行霸道的螃蟹,暗含讥讽。众人听后都忍俊不禁,大笑不止,弄得和珅面红耳赤。

……

不觉已到傍晚,艳红的晚霞倒映在湖面上,给美丽的西湖添上一层迷人的光环。

突然,一只白鹤长啸一声,飘然飞过。乾隆兴犹未尽,见此情景,便起身道:"纪爱卿,朕要你以此鹤为题,作诗一首助兴。"

纪晓岚哪敢怠慢,上前吟道:"万里长空一鹤飞,朱砂为顶玉为衣。"

纪晓岚刚吟到这儿,乾隆灵机一动,指着远去的黑点说:"纪爱卿,你说错了,那鹤明明是黑色的。"

纪晓岚微微一笑,接着吟道:"只因觅食归来晚,误入羲之洗砚池。"

乾隆和众大臣一听,都对纪晓岚的机智赞叹不已。

"玉",石之美者,在古代不仅是美丽名贵的装饰品,还可作为信符，且是祥瑞、美德的象征，很为人们所爱重。

"玉"作为偏旁，基本都是以"王"的形象出现的。篆书中，"王"与"玉"只有微妙差异："王"字的三横中，中间一横比较靠近上面的一横，而"玉"字的三横距离均匀。简体字"玉"则在"王"字的右下角加一点。

王

王，三横加一竖。三横，分别代表天、地、人；一竖，贯通天、地、人，得天时、地利、人和。"王"就是得人心所向、天下归附的英杰。

闰，会意字，字形采用"王、门"会义，表示王居门中。古代天子每年冬季以明年朔政分赐诸侯，诸侯则于月初祭庙受朔政，称"告朔"。据《说文解字》段玉裁注，举行告朔之礼时，天子居于明堂；而轮闰月，天子则居于路寝门。"闰"，本义是余数。

皇，会意字，字形采用"自、王"会义。"自"，起始。"皇"的本义是大。隶变之后，"皇"字上部的"自"改写作"白"。

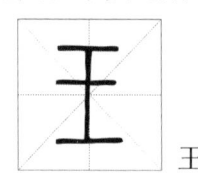

王　　　閏　　　皇

玉

以"玉"作为偏旁的字有很多，如"珍""珠""玛""瑙""玳""瑁""玻""璃""玲""珑""珏""全""球""玲""琳""玥""璀""璨""瑞""环""玦""玫""瑰"等。

有表示普通之玉和美玉的，如"琳""璐""瑾""瑜""瑶"等；

有作为礼器和瑞器的，如"璧""琥""琬""琰""珑"等；

有作为佩饰和信物的，如"珥""璗""玠""玦""瑞"等；

有表示玉色或治玉、赏玉等行为的，如"瑳""玼""琱""琢""理""珍""玩"等；

有表示玉声的，如"玲""瑝""玎""琐""玱"等；

有表示如玉之石的，如"碧""玖""珉""珣""瑂"等。

基于"玉"的文化意义，中国人喜欢以带有"玉字旁"的字作为名字，如周瑜、刘璋、刘琦、诸葛瑾、陈琳、张璠等人名皆带有偏旁"玉"。

玉，象形字，像三块玉片串连在一起。"丨"，像玉串的贯绳。《说文解字》释"玉"为：石之美者有德。中国传统文化认为玉有五品：润泽而温和，是仁人品格的象征；从外部观察纹理，可知内部真性，是义士品格的象征；玉声舒展飞扬，传播而远闻，是智士品格的象征；宁折不挠，是勇士品格的象征；锐廉而不奇巧，是廉洁之士品格的象征。

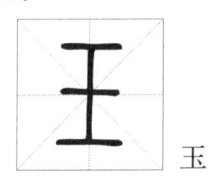

玉　玩　弄

玩，形声字，"玉"做边旁，"元"做声旁。"玩"，弄也，摩弄玉石。

弄，会意字，字形采用"廾、玉"会义。"弄"，玩也，本义是赏玩玉石。"弄"与"玩"同义互释。后来，"玩""弄"不再局限于玉石。中国古代传统习俗，生了男孩，就给他玩弄"璋"（一种玉器），希望他将来有玉一样的美德，故有"弄璋"之说；生了女孩，就给她玩弄纺锤，希望她将来心灵手巧，而古代纺锤是陶制的，陶制品又称"瓦"，所以有"弄瓦"之说。

瑰，从"玉"，"鬼"声。一说是指玉珠完好圆浑，一说是指一种次于玉的石头。玫瑰，本义是很漂亮的玉石，后引申为花名，以突出这种花如玫瑰玉石一般美丽。

琀，字形采用"玉、含"会义，"含"也兼做声旁。"琀"，人去世后含在嘴里的玉。

莹，繁体字"瑩"，形声字，"玉"做边旁，省略了"火"的"熒"做声旁。"莹"，本义是玉色光洁，又可指似玉美石。

瑰 　玲 　莹

瑛，形声字，"玉"做边旁，"英"做声旁。"瑛"，玉光。

理，形声字，"玉"做边旁，"里"做声旁。"理"，本义是治玉。治玉，就是对玉石进行切割、雕琢、打磨等。

瑛 　理

球，形声字，"玉"做边旁，"求"做声旁。"球"，拟声词，指玉石相击时发出的"啾啾"之声。球的异体字是"璆"。

球 　璆

璀，形声字，"玉"做边旁，"崔"做声旁。"璀"，夺目的玉光。

璨，形声字，"玉"做边旁，"粲"做声旁。"璨"，美丽的玉光。

璀 　璨

全，会意字，字形采用"人、玉"会义。完好的玉叫作"全"，纯粹的玉也叫作"全"。

珏，左部是"斜玉旁"，右部为"玉"。"珏"，两块玉合在一起，二玉相合为一珏。

班，从"珏"从"刀"（中间的一点一撇就是"立刀旁"的变形）。"刀"，表示切分。"班"就是将作为信物的瑞玉切分成两半。

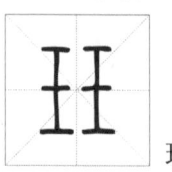

珏 　班

石

石，象形字，像石头在山崖之下。"口"，石块的象形。与石相关的字大都采用"石"做边旁。因为石头坚硬，所以，人类很早就将石头作为器物工具了。这在汉字中也有所体现："碾""碓""磨"等表工具的字从"石"，"砍""硬""碎""破""矿"等与工具相关的字也从"石"。石也是重量单位，120斤为"一石"（dàn）。

础，繁体字"礎"，形声字，"石"做边旁，"楚"做声旁。"础"，铺垫房柱的石头，俗称"磉石"。

研，字形采用"石、幵"会义，"幵"兼做声旁。"石"，指代舂磨的石臼。"研"表示手持杵椎在石臼里转磨，使谷物或药粉碎。

砺，字形采用"石、厉"会义，"厉"兼做声旁。"砺"，本义是将刀具磨得锋利、有威力。成语"再接再厉"（也写作"再接再砺"）本指鸡打架会用喙啄对方，喙钝了，便在石头上打磨几下（厉），再接着打战。

砥，形声字，"石"做边旁，"氐"做声旁。"石"，岩石；"氐"，抵、压。"砥"的本义是把刀抵压在巨石上磨砺。"砥""砺"同义。

碍，繁体字"礙"，形声字，"石"做边旁，"疑"做声旁。"石"，石崖；"疑"，在路上不知所向，表示阻挡行进的岩障。"碍"的本义是岩障或悬崖阻挡了去路。

硕，形声字，"页"做边旁，"石"做声旁，"硕"的本义是雕刻在岩石上的巨大头像，或头颅巨大。

砚，字形采用"石、见"会义，"见"兼做声旁。"石"，石材。

"砚",本义是质地细腻、盛水后可以照影的黑色石盘。

破,字形采用"石、皮"会义,"皮"兼做声旁。"石",岩石,表示手持器械治理兽革。"破",本义为将开采的大石块加工成有用的工具,如作武器使用的石刀、石斧、砲。"段"指开采石材,"破"指加工石材。

砚　　破

单,繁体字"單",会意字,字形采用"吅、畀"会义。"吅",两块石头的象形;"畀"为"盾"。"单"是狩猎或打仗时用的一种投石武器。所以,"弹"从"单","战"(戰)从"单"。

兽,繁体字"獸",会意字,字形采用"單、犬"会义。"单",狩猎工具;"犬",猎犬。"兽",本义是打猎,即捕捉禽兽的活动;转指打猎的对象,即野兽。

单　　兽

厄,篆文字形采用"厂、卩"会义。"厂",石崖;"卩",屈服的"人"。"厄"的本义是人在巨大的石崖面前无路可走。其隶书将篆文字形中的"人"写作"巳"。人在崖下为"厄",人在崖上为"危"。崖阻路途为"厄",有路不通为"亚"。

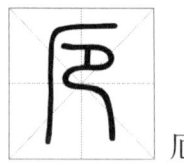

厄　　仄　　砾

仄,籀文采用"厂、夭"会义。"厂",悬崖;"夭",歪着头的人,表示置身悬崖窄道。"仄"的本义是侧着身子歪着头,小心翼翼地经过山崖间的石壁窄道。其篆文将籀文的"夭"简写成"人"。

砾,形声字,"石"做边旁,"乐"做声旁。"砾",小石、碎石。

竹禾山妙对

丁云妙对解围

相传纪晓岚与丁云和尚是棋友。一个秋日,纪晓岚去竹林找丁云下棋。丁云不在,纪晓岚便独坐廊下等候。很久之后,丁云才归。纪晓岚起身行礼,吟一联道:"竹寺等僧归,双手拜四维罗汉。"丁云一听,连忙还礼答道:"月门闲客在,二山出大小尖峰。"旁边的小和尚听后,也凑上一句:"禾火秋意浓,两人比木其棋艺。"

小和尚话音刚落,两人不禁大笑,挽手进屋下棋。不知不觉夜深,小和尚便来报说寺门已经关闭。纪晓岚听此,便知小和尚是在下逐客令,于是吟一联道:"门内有才方是闲。"纪晓岚此联含有对弈雅兴未尽之意,所以责怪小和尚不懂事。丁云赶忙答道:"寺边无日不知时。"老和尚这是借此给小和尚解围、赔礼。

"竹寺等僧归,双手拜四维罗汉。""月门闲客在,二山出大小尖峰。""禾火秋意浓,两人比木其棋艺。"又是一出精彩的拆字对联。三联涵盖"等(竹寺)""拜(双手)""罗(羅,四维)""闲(閒,月门)""出(二山)""尖(大小)""秋(禾火)""比(两人)""棋(木其)"等合体字的拆解。但实际上,"出"并非"两重山",而是由两个"中"组成。

竹

竹子很早便被人们用来制成各种生产生活工具,这在汉字中也得到了体现,如:"箩""筐""筥""筷""笔""笠""筋""筛""箭"等。

竹,象形字,冬生艸也。以"⺮"为偏旁的字大都与竹子、竹制品有关。"竹"字形就像倒过来的两个"中"。

等，会意字，字形采用"竹、寺"会义。"竹"，指竹简、竹册；"寺"，古代官署的名称。"等"，官曹之中被摆放得十分整齐的簿册，引申为一样、同样，又引申为等级、级别。

节，繁体字"節"，形声字，"竹"做边旁，"即"做声旁。"节"，竹节，又引申指事物的分节、分段等。

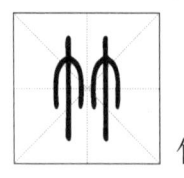

竹　　等　　节

答，形声字，"竹"做边旁，"合"做声旁。"竹"，竹片、竹竿、竹条、竹篾；"合"，缝合、合拢。"答"的本义是用竹子修补破损的篱笆。

笑，会意字，字形采用"竹、夭"会义。"夭"，弯曲。竹子被风一吹，竹竿弯曲，像人笑起来弯腰的样子。"笑"，人喜悦时发出的声音。

简，形声字，"竹"做边旁，"间"做声旁。"简"的本义是写字的札，由竹片、木片制成，中间用绳子串连成"册"。

笑　　简

籍，形声字，"竹"做边旁，"耤"做声旁。"籍"是记录重要信息的书簿。"籍贯""在籍人员"等均出自此义。

符，形声字，"竹"做边旁，"付"做声旁。"符"，朝廷授权的信物。朝中信物，汉代的制式是以竹为材，长六寸，切分后可以准确相合。"符合"一词正源于此。

籍　　符

笄，形声字，"竹"做边旁，"开"做声旁。"笄"，头上的发簪。古代女子十五岁后及笄，用"笄"把绾起来的头发固定好。

策，形声字，"竹"做边旁，"束"是声旁。"策"，赶马的竹鞭。

筹　　　策 　　　彗

彗，其甲骨文是象形字，像扫竹之形。古人在它的篆书字形中添上偏旁"又"，表示手，构成了会意字。"彗"的本义是扫帚。

筹，形声字，"竹"做边旁，"寿"做声旁。"筹"，投壶用的竹签，形如箭矢，后引申为计策。

筋，会意字，字形采用"力、月、竹"会义。"力"，力量；"月"，肉；"竹"，竹子，是多筋之物。"筋"，肌肉力量的来源。

筹 　　　筋

禾

禾，二月开始生长，八月成熟，处四季之中，得阴阳之和，所以被称为禾（和）。篆文"禾"字，下根上叶，顶上弯垂为穗，本义是小米。小米初生而弱曰苗，长成而壮曰禾。以"禾"为偏旁的字一般与庄稼有关，如"稻""穗""秕""种""稷""黍"等。表示时间"秒""季（年）""秋"等字的偏旁都含"禾"，其本义也与"禾"有关。"禾"字的上部就是一个"中"。

秒，形声字，"禾"做边旁，"少"做声旁。"禾"，稻麦等庄稼；"少"，即小。"秒"，禾芒、禾稍，稻禾的芒尖。"渺茫"一词就源自"秒芒"，指小到视域之外，看不见。禾芒又小又短，所以"秒"引申用作时间单位。

颖，形声字，"禾"做边旁，"顷"做声旁。"颖"，禾苗的末梢。

禾 　　　秒 　　　颖

年，异体字"秊"，形声字，"禾"做边旁，"千"做声旁。"年"

的本义是五谷成熟。

秋，会意字，字形采用"禾、火"会义。"禾"，谷物成熟；"火"，秋天时树叶火红。"秋"即秋季，谷熟、收成之季，又引申出收获、丰收之义。

秋　季　香

季，字形采用"子"和省略了"隹"的"稚"做边旁，"稚"也兼做声旁。"稚"，小。"季"，本义是小米，引申为对同辈中年纪最轻者的称呼，即所谓"伯仲叔季"。

香，篆文字形采用"黍、甘"会义，而甲骨文有两种写法，一种是"黍、口"会义，一种是"来（麦）、口"会义。

稀，字形采用"禾、希"会义，"希"也兼做声旁。"稀"，禾苗间距疏，不密。希，会意字，字形采用"爻、巾"会义。"爻"像经纬之交织，下部的交叉变形为"ナ"；"巾"表示纺织品。"希"就是葛布。古代的纺织技术低下，葛麻纤维经纬交织不够紧密，会留有许多小孔，所以葛布很稀疏。"希"的小孔透光，引申为希望。

稠，字形采用"禾、周"会义，"周"也兼做声旁。"周"，密也。"稠"的本义是禾苗间距小。

稀　稠

利，会意字，字形采用"禾、刀"会义。"利"，割禾的刀。古人最初用锋利的蚌壳收割稻穗，而蚌属蠡类，所以用蚌壳加工成的刀叫作"蠡"，字作"利"。

利　利（古文）

秀，会意字，字形采用"禾、人"会义。"秀"的本义是谷类作物抽穗开花，由此引申指事物的精华。

稳，形声字，"禾"做边旁，省略了"阝"的"隐"做声旁。《说文解字》："稳，蹂谷聚也。一曰安也。"

秀　　稳

秦，会意字，字形采用"禾"和省略了"臼"的"舂"会义，像双手持杵舂禾谷的样子，本义疑是一种禾名，但多假借为国名。

秦　　秦（籀文）

山

山，象形字，字形像三座高峰连绵，宣发地气。高山宣发地气，散布四方，促生万物，有石崖而高耸。地表土石隆起并达到一定高度就是山。"岳"是高大的山，"丘"是低矮的山，"岑"是小而高的山，"峦"是连绵不断的山，"嶂"是高而险的山，"岭"是连绵而高大的群山。从"山"的字大多与崇高、险峻、巍峨有关。"丘"字不从"山"，所以指代低矮的山。从"山"的常见字有"峥""嵘""崔""嵬""嶙""峋""崇""岭""峰""崖""崎""岖"等。

岳，繁体字"嶽"，形声字，"山"做边旁，"狱"做声旁。"岳"，中华大山。东岳叫"泰山"，南岳叫"衡山"，西岳叫"华山"，北岳叫"恒山"，中岳叫"嵩山"。嵩山也叫"泰室"，是古代帝王巡狩所到的王苑。

岳　　岳（古文）

岸，形声字，"屵"（è）做边旁，"干"做声旁。"岸"，原为水边高峻耸立的崖岩，后泛指水边，又引申指高大、高傲等。

崖，形声字，"屵"做边旁，"圭"做声旁。"崖"，高峻的山边。

"崖"与"岸"意思接近。

岔，会意字，字形采用"山、分"会义。《正字通》解释说："山岐曰岔，水岐曰汊，树岐曰杈。""岐"就是向两旁分出，"岔"就是山向两旁分出的地方。

崛，形声字，"山"做边旁，"屈"做声旁。"山"，山峰、山峦；"屈"，翘着屁股。"崛"，本义是山峰从平坦的地面陡然突起。

岸 　崖 　崛

岚，形声字，"山"做边旁，省略了"艹"的"蒕"做声旁。"山"，山岭；"风"，气流，表示山岭的气流。"岚"，本义是山间飘荡的青色雾气。

嵬，形声字，"山"做边旁，"鬼"做声旁。"嵬"，高，不平。"山石崔嵬""陟彼崔嵬"等均基于此义。

巍，形声字，"嵬"做边旁，"委"做声旁。"巍"，山峰高耸。

岚 　嵬 　巍

嶙，形声字，"山"做边旁，"粦"做声旁。"嶙"，沟壑、山崖等重叠幽深。

岭，繁体字"嶺"，形声字，"山"做边旁，"领"做声旁。"岭"，山路。

峰，异体字"峯"，形声字，"山"做边旁，"夆"做声旁。"峰"，高山的顶端。

崇，形声字，"山"做边旁，"宗"做声旁。"崇"，山岭巍峨高耸。

嶙 　岭 　峰 　崇

谈谈简化字

为什么要简化汉字呢？主要是因为简化后的汉字笔画少，结构简单，有利于学习者掌握，有助于汉字推广。

汉字从甲骨文、金文变为篆书，再变为隶书、楷书，其总体趋势就是一个从繁到简的过程。汉字发展经历的最突出的三个阶段是：小篆—隶书—楷书。隶化和楷化都是基于篆书的一次大的简化过程。在楷书中具有相同偏旁的字，在篆书中，其偏旁不一定相同。比如：楷书中同是"春字头"（"夫"）的"奉""泰""秦""奏""春"等字，在篆书中的写法如下：

奉 　　泰 　　秦

奏 　　春

楷书中以"大"做底的"莫""樊""奠""夭""契""奚"等字，在篆书中，"大"的写法并不相同：

莫 　　樊 　　奠

夭　　契　　奚

楷书中同为"丰字头"的"青""素""责"等字，在篆书中，它们的写法各异。"青"，上部是"生"，下部是"丹"；"素"，上部是"巫"，下部是"糸"；"责"，上部是"朿"，下部是"贝"。

青 　　素 　　责

楷书中同为"八字头"（倒八头）的"兼""豕""益"等字，在篆书中，它们的写法也不同。"兼"是手持两禾；"豕"，上部是"八"，下部是"豕"（"尚""曾"等的上部也是"八"）；"益"，上部是横着的"水"，下部是"皿"。

兼 　　豕 　　益

由于隶变之后仍有不少字的结构复杂、笔画繁多，于是，自南北朝起，在常用的楷体汉字中，已有一些形体比较简单的字在民间流行，被人们称作"俗体"或"破体"等，如"尔""盖""刘"。因为这些字未必符合"六书"系统，所以长期以来，它们始终没能被官方认可。于是，随着时间的流逝，这些俗字也就乏人使用了。

历史上首次给予这些简化字合法地位的，是太平天国。在太平天国政府的印玺和印发的公告、书籍中，大量使用民间流行的简化字，同时也创造了不少新的简化字。这些字并不完全依照"六书"，但笔画确实比之前减省。这些简化字大多数已被《汉字简化方案》采用。

汉字难写、难读被近代文人认为是中国识字率低的一个主要原因。有人提出汉字有"三多五难"："三多"指字数多、笔画多、读音多；"五难"指难认、难读、难记、难写、难用。甚至有激进的观点认为，汉字导致中国走向衰亡，必须改造汉字。

1919年，五四运动揭开了新民主主义革命的序幕。随着白话文逐渐取代文言文，改革汉字的呼声逐渐高涨。此后十多年中，一批文人陆续发表或出版了《减省汉字笔画的提议》《宋元以来俗字谱》《章草考》《简字论集》《常用简字研究》《简字标准字表》《550俗字表》等文章和书籍，对推动汉字简化工作做出了很大贡献。1932年，国语统一筹备委员会编写的《国音常用字汇》出版，收入了很多宋元以来流行的简化字。1935年8月21日，中华民国教育部发布第11400号部令，正式公布《第一批简体字表》。同年8月22日，教育部制定公布了《各省市教育行政机关推行部颁简体字办法》。1936年2月5日，教育部奉行政院命令，训令"简体字应暂缓推行"，《第一批简体字表》被收回废止。

中国共产党领导的抗日根据地和解放区的大量刊物和宣传品曾经采用和创造了许多简化字，这些简化字被称为"解放字"。据支持汉字简化的学者称，它们流传到全国各地。

中华人民共和国于1956年1月28日发布《汉字简化方案》，1964年5月审定通过《简化字总表》，1986年重新发表经少量修订后的《简化字总表》，并被延用至今。

简化字除了在中国大陆使用外，也在马来西亚、新加坡等东南亚地区使用。新加坡曾经尝试推出自己的汉字简化表。1976年5月，新加坡颁布《简体字总表》修订本，采纳与中华人民共和国的《简化字总表》完全一致的简化字。马来西亚在1981年出版的《简化汉字总表》，与《简化字总表》完全一致，但当地的印刷物大多为繁简并用。泰国于1983年底同意本国所有的华文学校都可教授简化字。但在实际教学中，其华文学校实行简繁并用。

汉字简化的主要方法有：

抽取繁体字的一部分：灭——滅（从"滅"的声旁"威"中抽取"灭"）、广——廣、产——產、儿——兒、号——號、丽——麗、飞——飛、云——雲、开——開、亏——虧、向——嚮、涂——塗、务——務、咸——鹹、凶——兇、系——係（繫）、虽——雖、虫——蟲等。

改头换面：与——與、体——體、斗——鬥、头——頭、关——關、买——買、书——書、叶——葉、尽——盡、备——備、专——專、只——祇（隻）、乐——樂等。

合并："头髮"的"髮"和"發财"的"發"，字形完全不同，简化后统一写成"发"；"豬"为"豖"字旁，"貓"为"豸"字旁，简化后统一用"反犬旁"，写成"猪""猫"。

用简单笔画或偏旁代替复杂的偏旁：办——辦、学——學、兴——興、举——舉、币——幣（敝＋巾）、蛮——蠻、弯——彎、变

——變、厅——廳、权——權、劝——勸、欢——歡、朴——樸、仆——僕、扑——撲、怀——懷、坏——壞、环——環、还——還、轰——轟、聂——聶、镊——鑷、了——瞭、疗——療、辽——遼、让——讓、坏——壞、历——歷、执——執等。

用草书的简单字形来代替：像"扌""讠""辶"等简化字的偏旁，与"手""言""走"等字的草书字形相似。

巧妙地简化叠字："戔"简化为"戋"；束，左右重束为"棘"，上下重束为"棗"，简化为"枣"。另如：搀——攙、谗——讒、馋——饞等。

常见偏旁的简化变形：

偏旁"月"在字的左部和下部时，一般是"肉"的变形（"青""朕"等除外）。

"忄""小"，乃"心"的变形。

"王"作为偏旁，是"玉"的变形。

"阝"，左耳朵，乃"阜"的变形；右包耳，乃"邑"的变形。

"夂""彐""𠂇""又""爫""支"均为"手"的变形。

"罒"，乃"网"的变形。

"礻"，乃"示"的变形。

"衤"，乃"衣"的变形。

"氵"，乃"川"的变形。

简化不彻底的几个偏旁，存在繁简共存现象：

豸——犭，部分"豸"简化成"犭"，如"貓"简化成"猫"，"貍"简化成"狸"，而"豹""豺""貂""貔""貅"等字仍旧从"豸"。

爿——丬，部分"爿"简化成"丬"，如"妆""状""壮""将"等字，但"奘""戕""斨""牁""牂"等字仍用"爿"。

辡——八，"辡"（biàn）在"辦"字上被简化成两点，写作"办"，但在其他字当中并没有体现，如"辨""瓣""辫""辩"等。

有些字的偏旁在简化后已看不出原本的意义。如：艹，上部是"炎"的变形，现在简化成"草字头"。但这种写法存在弊端，因为此外的"草字头"与"草"无关，容易让人对相关字义产生误解。"艹"作为偏旁，其下可以放"木""火""土""水""力""玉""虫""糸""吕"等，构成的字都与"草"无关。因此，笔者建议把"艹"恢复成原状，或者简化成"⺌"，两个"火"字分别简写作"丷"的两点。

汉语注音法

学汉字，要会写、会读，还要了解其义。关于汉字的读音，我们现在一般借助拼音来记忆和标注。汉语拼音方案大概是在1919年前后开始推行的。那么，在汉语拼音方案出来之前，人们通过什么方法为汉字注音呢？

汉语注音方法主要有直音法（含读若法）、反切法、注音字母和汉语拼音方案四种。

直音法，是古汉语的注音方法，就是用一个同音字来给这个字注音，如"根，音跟""怡，音怿"等。但是，有的字找不到同音字，有的字的同音字十分生僻。于是，聪明的古人又发明了"直音＋声调"的方法，就是用一个与被注音字拥有相同的声母、韵母而调不同的字来注音。这种注法起于唐代，如"控"注"空去"（"控"的读音是"空"改读第四声），"退"注"推去"（"退"的读音是"推"改读第四声）。这样就可以避免用生僻字注音了。

读若法，针对找不到同音字来注音的字，退而求其次，找一个读音相近的字来注音。拟其音注音，多用于拟声注音的训诂学术语，是汉代训诂学家所创术语，并被历代沿用。如："饬，读如敕"；"丁，读若畜"；"哈，读若快"；"芨，读若急"（又作"读如""读若某同""读与某同"）。

从现有文献看，直音产生于汉末。尽管直音有局限和缺点，但人们注意克服它的缺点，发扬它的优点，从后汉以来，仍然经常有人采用，历经近两千年而不衰。

反切法。东汉末年，当时某些儒生受梵文拼音字理的启示，创反切法来注字音。孙炎作《尔雅音义》，用反切注音。一般认为孙炎是反切法的创始人。反切法是一种汉字注音方法，也是对汉字字音结构的一种分析方法。反切法使用两个汉字来为一个汉字注音，前面的字为反切上字，取其声母；后面的字为反切下字，取其韵母和声调。提取出来的声母、韵母、声调相组合，就是被注音汉字的读音。如："红，胡笼切"；"旦，得按切"；"照，之少切"；"判，普半切"。在使用音标和字母注音之前，它是中国古代最主要和使用时间最长的注音方法。

唐代时，僧人守温取汉字为三十声母，宋人又补充为三十六字母，以韵书的韵母字作为韵母，使反切法益为精密，成为最通行的注音法。反切法弥补了直音法、读若法的不足。反切与读若、直音比较起来，无疑更加进步。从音韵学史角度来说，反切的产生，标志着汉族语音学的开始——从此懂得了对汉语音节做音理上的分析，把一个音节分成声、韵两个部分。1918年，北洋政府教育部公布了国语注音字母（24个声母，16个韵母），反切法遂被淘汰。

注音字母法使用汉语注音符号，简称注音符号，又称注音字母，是为汉语汉字注音而设定的符号。其以章太炎的记音字母作为蓝本，1913年由中国读音统一会制定，1918年由北洋政府教育部正式颁行。注音符号取代了中国一千多年来使用的"反切"注音方法，且仍为当下中国台湾地区汉字的主要拼读工具之一，是其小学语文教育初期必学的内容；中国大陆地区自1958年推行汉语注音方案以后，停止推广使用注音符号，但在汉语字典等基础工具书中对汉字注音时仍有相关标注。

注音字母与汉语拼音字母对照如下：

ㄅ	ㄆ	ㄇ	ㄈ	ㄉ	ㄊ	ㄋ	ㄌ	ㄍ	ㄎ	ㄏ	ㄐ	ㄑ	ㄒ	ㄓ
b	p	m	f	d	t	n	l	g	k	h	j	q	x	zh

ㄔ	ㄕ	ㄖ
ch	sh	r

ㄗ	ㄘ	ㄙ	ㄧ	ㄨ	ㄩ	ㄚ	ㄛ	ㄜ	ㄝ	ㄞ	ㄟ	ㄠ	ㄡ	ㄢ
z	c	s	i	u	ü	a	o	e	ie	ai	ei	ao	ou	an

ㄣ	ㄤ	ㄥ	ㄦ
en	ang	eng	er

汉语拼音方案。最先拟定的拉丁字母汉语拼音方案是1605年在北京出版的《西字奇迹》，由意大利耶稣会传教士利玛窦制定。这个方案是有系统地用拉丁字母制定汉语拼音方案的开端。该方案首次引进了用西方文字的音素制字母给汉字注音的拼写方式，突破了我国自魏晋以来一千多年使用汉字声韵双拼的旧条框，为汉字注音开辟了一条崭

新的、科学的道路，从此开始了拉丁字母拼写汉语的历史，揭开了汉字注音拉丁化的序幕。利玛窦方案是我国拉丁字母拼音方案之源。

1958年2月11日，第一届全国人民代表大会第五次会议批准颁布《汉语拼音方案》。1958年以来，汉语拼音的推行取得了丰硕的成果。汉语拼音已经成为识读汉字、学习普通话、培养和提高阅读及写作能力的重要工具，成为改革和创制少数民族语言文字的重要依据，成为编制盲文、手语、旗语、灯语的重要基础，广泛应用于中文文献排序检索以及标示工业、科技领域的型号和代号等多个方面。

随着现代信息技术的普及，汉语拼音输入汉字被普遍使用，汉语拼音渗透到社会生活的方方面面，须臾不可或缺。汉语拼音作为拼写中国人名、地名的国际标准，作为各外文语种在指称中国事物、表达中国概念时的重要依据，作为我国对外交流的文化桥梁，被广泛应用于对外汉语教学、对外交流等领域。

主要参考书目

[1]（汉）许慎. 说文解字［M］. 上海：上海古籍出版社，2007.

[2] 汤成沅. 金石字典［M］. 北京：中国书店，2015.

[3] 流沙河. 白鱼解字（第二版）［M］. 北京：新星出版社，2013.

[4] 殷寄明. 汉语同源字词丛考［M］. 上海：东方出版中心，2007.

[5] 王力，等. 古汉语常用字字典（第4版）［M］. 北京：商务印书馆，2005.

[6] 丁义诚，等. 全解汉字［M］. 北京：新世界出版社，2008.

[7] 张素凤，郑艳玲，张学鹏. 一本书读懂汉字［M］. 北京：中华书局，2012.

[8] 彭军. 汉字的前世今生·汉字演进史趣说［M］. 北京：中华工商联合出版社，2014.